EL MITO DE JESÚS

Georg Brandes

Traducción,
Prólogo
y Notas
de
JUAN B. BERGUA

Colección **La Crítica Literaria**
www.LaCriticaLiteraria.com

Copyright del texto: ©2010 J. Bergua
Ediciones Ibéricas - Clásicos Bergua - Librería Bergua
Madrid (España)

Copyright de esta edición: ©2010 LaCriticaLiteraria.com
Colección La Crítica Literaria
www.LaCriticaLiteraria.com
ISBN: 978-84-7083-138-6

Ediciones Ibéricas - LaCriticaLiteraria.com
Calle Ferraz, 26
28008 Madrid
www.EdicionesIbericas.es
www.LaCriticaLiteraria.com

Impreso por LSI

CONTENIDOS

EL CRÍTICO - JUAN BAUTISTA BERGUA

Juan Bautista Bergua nació en España en 1892. Ya desde joven sobresalió por su capacidad para el estudio y determinación. A los 16 años obtuvo el título de abogado en tan sólo dos años. Fascinado con los idiomas, en especial los clásicos, latín y griego, llegó a convertirse en un célebre crítico literario, traductor de una gran colección de obras de la literatura clásica y en un especialista en filosofía y religiones del mundo. A lo largo de su extraordinaria vida tradujo por primera vez al español las más importantes obras de la antigüedad, además de ser autor de numerosos títulos propios.

SU LIBRERÍA, LA EDITORIAL Y LA "GENERACIÓN DEL 27"

Juan B. Bergua fundó la Librería-Editorial Bergua en 1927, luego Ediciones Ibéricas y Clásicos Bergua. Quiso que la lectura de España dejara de ser una afición elitista. Publicó títulos importantes a precios asequibles a todos, entre otros, los diálogos de Platón, las obras de Darwin, Sócrates, Pitágoras, Séneca, Descartes, Voltaire, Erasmo de Rotterdam, Nietzsche, Kant y las poemas épicas de La Ilíada, La Odisea y La Eneida. Se atrevió con colecciones de las grandes obras eróticas, filosóficas, políticas, y la literatura y poesía castellana. Su librería fue un epicentro cultural para todos los aficionados a literatura, y sus compañeros fueron conocidos autores y poetas como Valle-Inclán, Machado y los de la Generación del 27.

SU PARTIDO COMUNISTA LIBRE ESPAÑOL Y LAS AMENAZAS DE LA IZQUIERDA

Poco antes de la Guerra Civil Española, en los años 30, Juan B. Bergua publicó varios títulos sobre el comunismo. El éxito, mucho mayor de lo esperado, le llevó a fundar el Partido Comunista Libre Español que llegaría a tener mas de 12.000 afiliados, superando en número al Partido Comunista prosoviético oficial existente. Su carrera política no duró mucho después que estos últimos le amenazaran de muerte viéndose obligado a esconderse en Getafe.

LA CENSURA, QUEMA DE LIBROS Y SENTENCIA DE MUERTE DE LA DERECHA

Juan B. Bergua ofreció a la sociedad española la oportunidad de conocer otras culturas, la literatura universal y las religiones del mundo, algo peligrosamente progresivo durante la dictadura de Franco, época reacia a cualquier ideología en desacuerdo con la iglesia católica.

En el 1936 el ejército nacionalista de General Franco llegó hasta Getafe, donde Bergua tenía los almacenes de la editorial. Fue capturado, encarcelado y sentenciado a muerte por los Falangistas, la extrema derecha.

Mientras estuvo en la cárcel temiendo su fusilamiento, los falangistas y la iglesia quemaron miles de libros de sus almacenes por encontrarlos contradictorios a la Censura, todas las existencias de las colecciones de la Historia de Las Religiones y la Mitología Universal, los libros sagrados de los muertos de los Egipcios y Tibetanos, las traducciones de El Corán, El Avesta de Zoroastrismo, Los Vedas (hinduismo), las enseñanzas de Confucio y El Mito de Jesús de Georg Brandes, entre otros.

Aparte de los libros religiosos y políticos, los falangistas quemaron otras colecciones como Los Grandes Hitos Del Pensamiento. Ardieron 40.000 ejemplares de La Crítica de la Razón Pura de Kant, y miles de libros más de la filosofía y la literatura clásica universal. La pérdida de su negocio fue un golpe tremendo, el fin de tantos esfuerzos y el sustento para él y su familia…fue una gran pérdida también para el pueblo español.

PROTEGIDO POR GENERAL MOLA Y EXILIADO A FRANCIA

Cuando General Emilio Mola, jefe del Ejército del Norte nacionalista y gran amigo de Bergua, recibe el telegrama de su detención en Getafe intercede inmediatamente para evitar su fusilamiento. Le fue alternando en cárceles según el peligro en cada momento. No hay que olvidar que durante la guerra civil, los falangistas iban a buscar a los "rojos peligrosos" a las cárceles, o a sus casas, y los llevaban en camiones a las afueras de las ciudades para fusilarlos.

El General y "El Rojo". Su amistad venia de cuando Mola había sido Director General de Seguridad antes de la guerra civil. En 1931, tras la proclamación de la Segunda República, Mola se refugió durante casi tres meses en casa de Bergua y para solventar sus dificultades económicas Bergua publicó sus memorias. Mola fue encarcelado, pero en 1934 regresó al ejército nacionalista y en 1936 encabezó el golpe de estado contra la República que dio origen a la Guerra Civil Española. Mola fue nombrado jefe del Ejército del Norte de España, mientras Franco controlaba el Sur de España.

Tras la muerte de Mola en 1937, su coronel ayudante dio a Bergua un salvoconducto con el que pudo escapar a Francia. Allí siguió traduciendo y escribiendo sus libros y comentarios. En 1959, después de 22 años de exilio, el escritor regresó a España y a sus 65 años comenzó a publicar de nuevo hasta su fallecimiento en 1991. Juan Bautista Bergua llegó a su fin casi centenario.

Escritor, traductor y maestro de la literatura clásica, todas sus traducciones están acompañadas de extensas y exhaustivas anotaciones referentes a la obra original. Gracias a su dedicado esfuerzo y su cuidado en los detalles, nos sumerge con su prosa clara y su perspicaz sentido del humor en las grandes obras de la literatura universal con prólogos y notas fundamentales para su entendimiento y disfrute.

PRÓLOGO

SOBRE EL AUTOR: GEORG BRANDES

Georg Morris Cohen Brandes (1842-1927) nació en Copenhague de padres judíos no practicantes. Estudia en la Universidad de Copenhague y obtiene en 1864 la licenciatura en Estética. Era una especialidad, que no sólo cubría la Estética en la pintura sino también en la literatura. Sin ser un equivalente exacto, algo así como Historia del Arte. Tras graduarse, trabaja como lector, profesor ayudante, de Estética en la Universidad.

Bajo la influencia de Hippolyte Taine y de Saint-Beuve abandona el punto de vista hegeliano, tan popular entre los eruditos de la Dinamarca de la época, y presenta su tesis doctoral en 1870 sobre la Estética Francesa de Nuestro Tiempo. En los años siguientes causa un gran impacto en los ambientes culturales, no sólo daneses sino también escandinavos, con sus conferencias (1872-1877) sobre las Corrientes Principales de la Literatura del siglo XIX, publicadas en seis volúmenes entre 1872 y 1890. Brandes decía que Dinamarca llevaba un retraso de 40 años respecto a Europa y defendía rechazar el idealismo abstracto y promover las ideas progresivas para reformar la sociedad moderna. Huelga decir que sus conferencias se convirtieron en puntos de agitación que promovían la ira de los círculos conservadores. La consecuencia es que le denegaron la cátedra de Estética que le habían prometido como reacción a su origen judío, a su ateísmo y a sus ideas anticonservadoras.

De sus viajes por Inglaterra, Francia e Italia, 1870-71, vuelve impresionado por el arte renacentista y también, así lo expresa, por el asombroso clima mediterráneo.

Durante 1874-77 publica con su hermano una revista *Det nittende Aarhundrede*, pero no tiene éxito. Abandona Dinamarca y vive en Berlín durante cinco años. Es aquí donde publica sus monografías sobre Disraeli, Lasalle, sobre el poeta y teólogo sueco Esaias Tegner y sobre Kierkegaard. Se convierte en líder principal del movimiento naturalista. Defiende que los autores se ocupen de los problemas de género, ateísmo, matrimonio, propiedad privada y también defiende el ultraindividualismo desde 1879 en el *Radicalismo Aristocrático* (Aristokratisk Radicalismo).

En *Corrientes Principales de la Literatura del Siglo XIX*, defiende que la literatura, principalmente en Alemania, Francia e Inglaterra, tiene una gran deuda con la revolución francesa y critica a Coleridge, Novalis y Lamartine a los que considera como representantes del orden conservador. Este punto de vista causa sensación en su época. En 1898 da una serie de conferencias en Copenhague, descubre a Nietzsche y como éste, defiende que los genios son los grandes productos de la cultura. Es así que publica biografías de Shakespeare, Goethe, Voltaire, Cesar y Miguel Angel. Durante sus últimos años viaja profusamente y finalmente, la Universidad de Copenhague, tras treinta años de trabajos, le concede la cátedra de Estética, reconocimiento tardío pero justo.

Su oposición a la primera guerra mundial y su escepticismo religioso hacen de él una figura controvertida. Se niega a apoyar el nacionalismo judío durante décadas, aunque al final favorece el establecimiento en Palestina de un futuro estado de Israel.

El *Mito de Jesús* (Sagnet om Jesus) lo presenta en una convención en Ginebra en 1925, publicándose en francés un poco antes que en danés, si bien parece un francés escrito por un danés. No es extraño ya que hasta 1945, tras la explosión de las primeras bombas atómicas, el inglés no adquiere su carácter actual de lengua franca universal y es el francés el que ocupa este lugar, conociéndosele como idioma de la diplomacia. Por supuesto, El Mito de Jesús provoca, y ha provocado, ataques profundos de las jerarquías y medios religiosos, en especial de los católicos. Georg Brandes muere el 19 de Febrero de 1927.

EL CRISTIANISMO

El análisis que Brandes hace sobre la figura de Jesús en los evangelios quizá debiera haberse titulado El Mito de los Evangelios. Estos, unos 60 a 120 años posteriores a la muerte de Jesús, están escritos por cristianos judíos y Brandes, que está en inmejorable posición de análisis por conocer tanto Evangelios como las fuentes judías clásicas, Torah, Talmud, etc., que ha tenido que aprender durante la enseñanza primaria como todo judío aunque no fuera practicante, simplemente se limita exponer que todo lo que en éstos se atribuye a Jesús está tomado de escrituras sagradas judías muy anteriores a los Evangelios. ¿Existió realmente Jesús? La secta cristiana ya existía en la época de Gamaliel, rabino fariseo del Sanedrín hacia la mitad del siglo I, y esta secta se basaba en las enseñanzas de otro rabino llamado Jeschua quien, por tanto, debió existir, aunque no haya referencia histórica alguna de él. En cualquier caso es otro judío, Pablo o Saulo de Tarso, ciudad ésta hoy en Turquía, quien populariza el cristianismo. Nace Pablo entre los años 6 a 10 del siglo I. Judío griego, ostenta sin embargo la ciudadanía romana y es el esbirro de Gamaliel, ocupándose de la persecución de los grupos cristianos. Esta secta, los cristianos, representaba un peligro para la posterior sublevación contra Roma que se estaba gestando y, aunque la acusación oficial era que no respetaban la ley y despreciaban las escrituras, la realidad es que su oposición a la violencia y el perdón para los que nos ofenden es lo que perjudicaba a la rebelión que se estaba fraguando. Estalla ésta en el 64 y acaba con la toma de Jerusalén por Tito en el 70, dejando literalmente reducida a escombros esta ciudad.

La versión cristiana dice que Pablo se cayó del caballo cuando volvía a Jerusalén de perseguir a un grupo de los primitivos seguidores de Cristo y tuvo entonces una aparición divina en la que Jesús le decía en medio de una gran luz: "Saulo, Saulo ¿por qué me persigues?". Saulo queda cegado y aturdido y cuando se recupera está sentado en el camino junto a su caballo.

Hay que recordar la situación en Roma, en el imperio romano en general, para entender realmente la conversión al cristianismo de Pablo de Tarso.

La esclavitud era un sistema de griegos y romanos. No existía originalmente en otros grupos de la época, aunque sí luego tras la influencia de Roma; por ejemplo, no había esclavos en Egipto, ni en Israel, ni entre galos, germanos, etc. Había sirvientes o criados, pero se les consideraba personas y no se les podía matar.

Los esclavos se utilizaron originalmente como mano de obra en labores duras, minas y trabajos del campo principalmente, pero luego los romanos, cuando conquistaban un poblado, exterminaban a los combatientes y esclavizaban al resto de supervivientes, hombres, mujeres y niños, si no estaban discapacitados. En el siglo I se estima que en Roma y sus ciudades había del orden de 8 esclavos por ciudadano romano, ocupándose de todo lo imaginable. Los análisis realizados en los restos hallados en Pompeya y Herculano, indican que la vida media de los nacidos esclavos era de 20 a 22 años y los niños ya mostraban deformaciones en los huesos a los 8-10 años, como resultado de las cargas que les hacían transportar. Pablo se da cuenta de que la lucha con las armas es inútil y que el verdadero punto débil de Roma es la esclavitud. Para ello se prestan idealmente las creencias de los cristianos, que ofrecen una recompensa eterna en otro mundo, tras la muerte, contrapartida a los sufrimientos en éste, donde por muy crueles que sean siempre lo serán por un tiempo limitado.

Pablo predica el cristianismo por el oriente del imperio romano, principalmente por Grecia y no en Roma, donde no comienza a extenderse su doctrina esperanzadora hasta el siglo II. La Iglesia Griega, que se denomina a si misma Religión Ortodoxa (doctrina correcta), jamás admite la supremacía de Iglesia de Roma, ni en su origen, ni ahora. Esta sólo adquiere importancia, unos 60 años después de la muerte de Pablo de Tarso.

Pero la pregunta es ¿cuál es el origen de religiones y creencias? Que se sepa, éstas han existido desde el origen de la humanidad y cuando se habla de ateísmo siempre se aplica a personas o grupos reducidos y no a grandes masas de gente.

RELIGIONES Y CREENCIAS

Toda religión tiene dos orígenes básicos. El primero es puramente lógico por extraño que parezca. El hombre conoce por experiencia que todo hecho observable sigue a otro, siempre el mismo en cada caso, que le precede. Es la relación causa efecto, y esto tiene un valor inestimable para prever el futuro, porque permite planificar de antemano la acción a tomar más conveniente para la supervivencia. Es esta capacidad de previsión la que permite organizar desde lo que se va a hacer el día siguiente, hasta lanzar una sonda espacial. Aplicarle calificativos de grande o pequeña es un infantilismo, en primer lugar porque en la realidad no hay más que hechos y estos se limitan a ser. Los calificativos de buenos o malos, proviene de que sean favorables o no a la supervivencia de la especie, que lógicamente se identifica con el grupo local, sea éste la caverna, el poblado tras la agricultura y la ganadería, la nación, el imperio o cualquier territorio con el que se identifique el grupo. Por otra parte, no se puede prever hasta el último detalle, porque no se pueden tener en cuenta la totalidad de las causas. Ahora bien, hay hechos observables que no se sabe a que atribuirlos, pero la relación causa-efecto es tan básica, que es más útil imaginar una causa, aunque no sea observable, que admitir que no tengan causa. Inventar un ser que sopla produciendo el viento o uno que maneja el rayo, es preferible para la lógica de una mente primitiva, que admitir que estos hechos no tienen causa.

El segundo factor toda creencia es la incertidumbre ante lo desconocido o más exactamente, el miedo. Si en la realidad se aplaca con dádivas y alabanzas a los que tienen el poder, con mucha más razón habrá que hacerlo con los espíritus que rigen lo desconocido.

LA LIBERTAD RELIGIOSA

Toda creencia se funda en estos dos principios básicos y el problema es que las religiones son de un valor político inestimable, sobre todo las monoteístas. Permiten que el jefe sea dios directamente, o al menos su representante. Dioses eran los emperadores romanos y el Papa o los Califas son los representantes de Dios en la tierra.

En las sociedades politeístas las creencias, sus predicadores, no tienen más remedio que respetarse unos a otros para poder sobrevivir, pero al aparecer las creencias o religiones monoteístas, éstas siempre acaban imponiéndose por la fuerza. Al que no está de acuerdo se le suprime; los promotores directos y máximos beneficiados son los líderes, ya que una premisa básica de los monoteísmos es que toda autoridad viene de dios.

En la Europa occidental la Inquisición se encarga de hacerlo así hasta que a mediados del siglo XVI un teólogo agustino alemán, Martín Lutero, probablemente sin darse cuenta de lo que iba a implicar para la sociedad, defiende en 1517 que la interpretación de las escrituras no es privilegio de Roma, ni de nadie, sino que todos los creyentes tienen el mismo derecho a hacerlo. La revolución que esto implica es imparable. Además, si cualquiera tiene derecho a interpretar las escrituras, también lo tiene para discutir los fundamentos la ciencia en vigor. Igualmente ocurre en otros países como Inglaterra donde, aun no haciéndose literalmente protestantes, rechazan el *"magister dixit"* de Roma y, separándose del Papado, se abren al camino del desarrollo tecnológico-científico. En Francia el protestantismo se extiende a través de los llamados hugonotes, cuyo más importante organizador es Calvino. Estos sufren una serie de persecuciones de las cuales la más grave es la de Luís XIV, que revoca el edicto de Nantes en 1698 por el cual se concedían varias plazas a los protestantes, viéndose éstos obligados a huir a los países Bajos, Suiza, Inglaterra y ciudades evangélicas alemanas. Luís XIV sin embargo, no tiene que esgrimir su catolicismo como argumento para luchar contra los que quieren quitarle sus posesiones en Europa o América y no impone el catolicismo mediante la Inquisición a los no creyentes. Luego Voltaire (1694-1778) hunde los vestigios del fanatismo religioso, sin declararse a favor o en contra de católicos o protestantes, convirtiendo a Francia en la patria por excelencia del libre pensamiento.

El *"eppur si muove"* de Galileo en 1633 ante el Santo oficio, ya sólo es posible en la Italia de Roma y en España, que lo aprende tristemente. El lector curioso puede leer en la Biblioteca Nacional "La Ciencia y la Técnica en el Descubrimiento de América", escrito por el matemático Rey Pastor. España que llevaba entonces, a finales del siglo XV, 50 años de adelanto tecnológico respecto al resto de Europa, 100 años más tarde los llevaba de retraso. Mientras la Europa protestante avanza por el camino científico-técnico, España y Portugal, parte de España, e Italia, Roma, los países católicos europeos de entonces, se estancan. El país que había sido capaz de atravesar el Atlántico con naves de vela sin remeros, lucha en Lepanto con galeras de remos, por supuesto en coalición otros adalides católicos de la época, Venecia y la Santa Sede. En 1588 la Armada Invencible se cubre de ridículo; incluía, entre otros anacronismos, casi 2000 remeros. Las carabelas que vienen de América son prácticamente iguales a las que utilizó Colón, casi un siglo antes. Vuelven a España cargadas de oro, plata y mercancías, pero sólo llegan porque el Océano es muy grande, si se topan con un buque inglés, más rápido, maniobrable y mejor armado, es el fin del viaje.

¿Es casualidad que la ciencia y la técnica se concentren hoy en los países protestantes, se copie a duras penas en los países católicos y no exista prácticamente en los países musulmanes cuyas creencias siguen estancadas en el siglo X? Justo es decir que el mismo problema ocurre en los países de religión ortodoxa, donde tampoco se desarrolla un equivalente a la revolución protestante, aunque allí al no haber un equivalente al Papado tampoco hay tribunales de la Inquisición. Excepto por eso, la situación es análoga a la de España. En Rusia, país regido por la Iglesia Ortodoxa, se enseñaba que el amado Zar no era el rey o el emperador, sino el dueño del país; parece una broma, pero era así. Eliminado el Zar, cuando Lenin funda la antigua Unión Soviética, lo primero que hace es suprimir toda creencia religiosa oficial, dando así vía libre al desarrollo técnico-científico sin cortapisa alguna. En 25 años el país pasa de ser un importador de tecnología a vencer a la Alemania de Hitler, paradigma del avance técnico-militar de la época, y convertirse en una primera potencia técnico-científica. El marxismo, sin embargo, desaparece 50 años más tarde debido a un error básico de Marx que le deja estancado. Lamarck a principios del XIX, atribuía la evolución de las especies a los esfuerzos de los seres vivos para beneficiarse del medio; el cuello de las jirafas era consecuencia de los esfuerzos para alcanzar los frutos de las ramas altas. Esta teoría era ideal para Marx porque permitía cambiar al individuo. No se sabía aún que la media del período de mutación de una especie era de 2 millones de años. Para Darwin sin embargo, las mutaciones eran al azar y el medio determinaba su éxito. El marxismo en la Unión Soviética, tras la lucha inicial por la supervivencia, no tiene salida. Los más capacitados no dan su esfuerzo graciosamente, los principios sociales no producen cambios genéticos, y si no hay beneficio propio sólo resulta una indolencia generalizada. En Rusia el paradigma de la sociedad marxista se estanca y se hunde.

LAS CREENCIAS EN EL ESTADO MODERNO

En el mundo civilizado occidental, el principio básico hoy sobre creencias religiosas es el derecho indiscutible de cada uno a tener las que le parezcan oportunas pero no, bajo ningún motivo, a imponerlas. Es un principio fundamental de Estado, no discutible, que implica además, que éste no puede favorecer a ninguna creencia ni con fondos públicos, ni apoyos directos o indirectos, ya que estaría robando literalmente a los contribuyentes de otras creencias. En Italia se justifica la ayuda al catolicismo argumentando que el Papado es la mayor fuente de ingresos turísticos y, por supuesto, la economía esta por encima de cualquier ética. Pero ¿cuál es la situación hoy en España?

En Enero de 1979 España, a través del Rey, firma un concordato con el Vaticano, comprensible en aquellos momentos. Franco, uno de los genocidas fascistas con Mussolini y Hitler, muere en Noviembre del 75. En Junio de 1977 se celebran bajo Adolfo Suárez las primeras elecciones democráticas desde 1936 y se aprueba en las Cortes la Constitución, que hay que refrendar luego por votación popular, Diciembre del 78. Una vez vigente hay que refrendarla otra vez con unas segundas elecciones, Marzo del 79, para elegir al nuevo gobierno democrático, etc. Es comprensible que con todos los problemas existentes en aquellos momentos inherentes a la transición, no se quisiera agravar la tensión política discutiendo la subvención del Estado a la Iglesia y se firmara un Concordato con el Vaticano para sustituir al del 53 en pleno franquismo. Pero ¿qué es lo que se acuerda?

En esquema:

-Libertad a la Iglesia para hacer colectas públicas y pedir a sus fieles prestaciones, limosnas y oblaciones. Si en principio se limita a sus fieles no hay nada que objetar, salvo que está libre de declaración a Hacienda, de todo control estatal y, por tanto, al margen de cualquier carga impositiva que procediere. La Iglesia no rinde cuentas, actúa como un Estado dentro del Estado.

-El Estado se compromete a aportar a la Iglesia un sostenimiento económico basado en la recaudación de la Renta (IRPF). De otra forma, el Estado se compromete a ser el recaudador de fondos de la Iglesia aunque, al menos, la casilla "para la Iglesia", de aportación del contribuyente se requiera que esté marcada en el impreso de declaración y, por tanto, sea voluntaria.

-La Iglesia se compromete a buscarse sus propios recursos en el futuro, aunque no se fije cuando.

-Quedan libres de impuestos sus actividades como, publicación de instrucciones, enseñanza en Seminarios y Universidades, adquisición de objetos, de culto, etc.

-Quedan exentos de impuestos municipales las iglesias, edificios de la Iglesia, residencias de obispos, oficinas, seminarios, conventos, etc.

-Exención total de impuestos de Renta y Patrimonio y exención total de impuestos sobre sucesiones y donaciones.

-Están igualmente exentas las aportaciones a Iglesia de cualquier tipo, de particulares, empresas, etc. Igualmente a las asociaciones eclesiásticas y para actividades religiosas.

-En el caso de impago de impuestos por actividades de la Iglesia no previstas como exentas en el acuerdo, el Estado *"podrá"* dirigirse a la Conferencia Episcopal para instar el pago. No lo pone en el texto, pero se supone que es mientras los inspectores y jueces hacen sus oraciones.

La entrada en vigor del acuerdo rige desde Diciembre del 79, continuando hasta entonces la validez del acuerdo del 53. Desde esa fecha en que empieza a regir el nuevo acuerdo, han pasado ya 28 años; no estamos por tanto hablando de un período de transición. Tampoco se ha planteado ningún gobierno su revisión, que con independencia del color de los gobiernos en el poder sigue en vigor. Frente a esto, tras más de 10.000 años de religión libre o impuesta, el mundo libre civilizado, Europa, Estados Unidos, Australia, etc., se rige por unos principios fundamentales comunes a todo el mundo occidental.

El derecho de toda persona a sus propias creencias es un principio básico, sin más limitación que no inducir a daños a terceros.

Ningún estado puede financiar, de forma directa o indirecta, creencia alguna con dinero del contribuyente. Cualquier creencia legal no puede financiarse más que por sus propios seguidores y pagando los impuestos que establezcan las leyes fiscales vigentes.

Toda institución educativa que reciba fondos del Estado, tiene que estar al margen de impartir clases de cualquier creencia, directa o indirectamente, como la cesión de sus instalaciones y servicios para este fin. En otros términos:

En ninguna institución educativa, financiada total o parcialmente por el Estado, se pueden impartir clases relacionadas con creencias, ni adicionalmente, ni en substitución de cualquier otra actividad.

En resumen, las creencias religiosas son asunto privado de cada ciudadano y todas tienen iguales derechos, sin más limitación que no predicar o inducir a daños a terceros. Es obligación fundamental de todo Estado garantizar el derecho de cada uno a sus creencias particulares, pero esto exige como requisito básico no favorecer, ni entorpecer ninguna otra. Frente a esto, sólo por citar un ejemplo, la comunidad de Madrid, regida por el Opus Dei, se ha gastado casi 6 millones de Euros en Getafe, por supuesto sin consultar a los contribuyentes, en convertir lo que se conocía por la Iglesia Grande en una catedral, porque ahora tienen un obispo en el pueblo.

Prescindiendo de consideraciones geográficas ¿se puede decir que la España de hoy forme parte del occidente europeo?

Si un Estado financia con dinero del contribuyente una creencia particular, está justificando la evasión fiscal, ya que está robando literalmente a los contribuyentes de otras creencias. Al menos en ciertas comunidades, la situación hoy es como la de la antigua Roma hace 2000 años: no cobro impuestos porque ofrezca servicios públicos, sino porque tengo el poder para hacerlo y no tengo por qué preguntar si son necesarios o no.

En el momento actual hay partidos de izquierdas que están tratando de eliminar los crucifijos de los actos oficiales. Ciertamente es un simbolismo anacrónico, pero el problema no está ahí. En Estados Unidos, por ejemplo, se utiliza el *"In God we trust"* hasta para nombrar barrenderos, pero la religión se da en las escuelas dominicales de cada creencia, no en los centros de enseñanza patrocinados por el Estado y esto es lo importante. Volviendo a España, el único concordato con el Vaticano admisible es el que no existe.

Los gobiernos, sin embargo, si son de izquierdas creen que el concordato les va a dar votos de creyentes católicos y piensan en reformar poco a poco el existente en vez de suprimirle sin más. Olvidan que en las primeras elecciones que pierdan, y estas se deciden principalmente por razones económicas, el primer gobierno de derechas que les suceda restaurará, aumentándola, la subvención a la Iglesia, mientras que rehacer un acuerdo con el Vaticano requeriría previamente, cuando menos, una mayoría en la votación parlamentaria. La derecha está dirigida por la propia Iglesia, para la que los privilegios actuales son insuficientes.

Querido lector, quizá un día tus nietos conozcan una España que esté en el Occidente, no sólo geográficamente. Por otra parte, este libro se publica en España por lo que las referencias son este país, pero es aplicable a cualquier otro donde el Estado financie una religión con dinero del contribuyente en vez de mantenerse al margen de creencias particulares. Si tu país fuera otro y el Estado financia una religión, sea la que sea, y no las otras que pueda haber, cambia la pregunta de si está en el Occidente por la más general de si pertenece al mundo civilizado, cualquiera que sea la religión oficial. La mafia, curiosamente nacida para luchar contra la ocupación española en el sur de Italia, se basó desde un principio en robar un poco a muchos, que es mucho más eficaz y más difícil de perseguir que robar mucho a pocos.

Te ofrecemos a continuación El Mito de Jesús de Georg Brandes. No está dirigido a convencer a ningún fanático religioso, sino a respetar las creencias de todos sin imponer las de nadie. Simplemente demuestra, que existiera o no una persona, un Jesús inspirador inicial del Cristianismo, la doctrina católica se crea y se desarrolla a partir del siglo I y con mucho más detalle, en los siglos II y III, basándose en los libros sagrados de los judíos, de donde se van sacando las doctrinas que se presentan luego como reveladas en sus predicaciones por ese personaje denominado Jesús. Si analizamos hoy objetivamente esta doctrina, diríamos que es una excelente selección de normas de convivencia y promesas a sus seguidores de alcanzar otro mundo fantástico mejor donde no existiría el sufrimiento, dirigidas a un mercado formado mayoritariamente por esclavos sin esperanza en el mundo real de su época.

Nota:
Palabras griegas en el texto de Brandes

Hoy ya no se estudia griego en la enseñanza secundaria y la mayoría de los lectores desconoce su alfabeto. En el original aparecen palabras en griego por razones onomatopéyicas con las de otros idiomas. Se han reproducido con letras latinas, para que se pueda apreciar esta similitud.

INTRODUCCIÓN DE GEORG BRANDES

Por espacio de más de seiscientos años, la mayoría o casi totalidad de las gentes de Suiza y de otros países no dudaban que Guillermo Tell fue un campesino de Bürglen, en el cantón de Uri, y nieto de Walter Fürst, también de Uri. Cuando, el 18 de noviembre de 1307, se negó a descubrirse ante el gorro ducal que el gobernador austríaco Hermann Gessler había colocado en la punta de una pértiga en Altdorf como señal de la soberanía de Austria. Tell, que era un famoso arquero, fue condenado por el gobernador a atravesar una manzana colocada sobre la cabeza de su hijo. Si no le acertaba, el niño debía morir con él.

Tell derribo la manzana, pero declaró que otra flecha, que tenía preparada para el caso de no acertar con la primera, estaba destinada a Gessler. Por ello, el gobernador ordenó que Tell fuese detenido y llevado a su Castillo. Una tempestad en el lago de Lucerna puso en peligro la embarcación y Tell fue desembarazado de sus cadenas para que se hiciese cargo del gobernalle. Entonces, dando un salto prodigioso, logró llegar a la orilla, mientras que el bote era arrastrado por la tempestad. Más tarde, mató al gobernador de un saetazo cuando pasaba a caballo por el "camino subterráneo" de Küssnacht. Luego, en 1315, luchó por la libertad Suiza en la gran batalla de Morgarten y murió en 1354, salvando a un niño que se ahogaba en el Schächenbach.

Existen en Suiza nada menos que tres capillas dedicadas a Tell. Cerca de la antigua aldea de Bürglen, una pequeña, decorada con escenas de la vida de Tell, conmemora el lugar donde estaba situada la casa en que él vivía. Detrás de ella se levantan las ruinas ceñidas de hiedra de una torre, donde en tiempos remotos, cuando el Uri Bajo pertenecía aún al convento de los Santos Félix y Régula de Zurich, se decía que había tenido su residencia el representante local del "protector" del monasterio. En aquellos contornos se aseguró durante mucho tiempo que la torre formaba parte de un castillo perteneciente a un señor de Attinghausen, un noble de quien se decía también que fue padre político de Tell. Por ello se le llamaba Walter Fürst (conde) von Attinghausen. En el transcurso del tiempo se propaló también el rumor de que el mismo Tell había sido de origen noble, y Marshal Fidel von Zurlauben, a quien el historiador Johannes von Millier llamó el archivo viviente de Suiza, incluyó en sus listas de la nobleza de Uri una reproducción de la cota de armas de Guillermo Tell.

Esta capilla de Bürglen fue comenzada en 1582 y consagrada en mayo de 1584.

La Roca de Tell (Tell Platte) y el salto de la libertad o salvación, se menciona por primera vez en una crónica suiza recopilada entre los años 1467 y 1480. La creencia es que la capilla existente en este lugar no fue construida antes de la mitad del siglo XVI. Desde 1561 sabemos de peregrinaciones a la Roca de Tell y, en 1582, el cantón de Uri dispuso que se celebrasen anualmente con toda brillantez bajo la dirección de las autoridades.

La tercera capilla de Tell está situada en Küssnacht, cerca del "camino subterráneo" en el cual se supone halló la muerte el gobernador Gessler. Pero en este punto se observan varias circunstancias confusas. La ciudad y el castillo de Küssnacht no fueron añadidos al cantón de Schwiz hasta principios del siglo XV. ¿Qué tendría que hacer entonces en aquel sitio Gessler, gobernador de Schwiz? La incongruencia queda aún más de manifiesto cuando se advierte que el denominado castillo de Gessler se halla al pie del Rigi, muy próximo a la ciudad de Küssnacht, de modo que el gobernador, que desembarcaba en Küssnacht procedente de Uri, sólo tenía que andar algunos centenares de pasos para llegar a su fortaleza y hallar reposo después de su viaje a través del lago. Para llegar cerca del lugar donde está situada la capilla, tenía que haber pasado al lado de su castillo y, en medio de una noche tempestuosa, andar a caballo todo el camino hasta Immensee para llegar al camino subterráneo y dejarse matar desde el sitio indicado por la capilla.

Bien conocida hoy día, la explicación de estas incongruencias es harto sencilla: Guillermo Tell nunca existió. Jamás hubo ningún gobernador que se llamase Gessler. Toda la historia sobre la fundación de la Confederación Helvética por los coaligados en Rütli es una leyenda.

Menos conocido es el trabajo que costó descubrir la verdad del asunto en cuestión. Luego, en 1752 el pastor de Berna, Uriel Freudenberger, incitó al clero de Uri a que impugnase a todos los que dudaban de la existencia de Tell, dando a conocer algunos de los muchos documentos evidentes que se decía existían. La respuesta vino en 1759 y tomó la forma de una serie de falsedades. Al año siguiente, Freudenberger publicó su folleto titulado *Guillermo Tell, fábula danesa*, que fue confiscado y quemado públicamente. Es una afirmación errónea la de MacLeod Yearsley cuando dice en su *The Folk-Lore of Fairy Tale (El folclore del cuento de hadas*, Londres, 1924), que el mismo Freudenberg fue quemado vivo. Pero la realidad es que se le trató con todo menos con benevolencia. Cualquiera que proclame una verdad echando por tierra creencias caras al pueblo, debe de prepararse para sufrir persecuciones y muchos ultrajes. Sólo hay que recordar la campaña que tuvo lugar en

Alemania setenta y cinco años más tarde contra David Friedrich Strauss sobre cuestiones parecidas.

No obstante, la solución del enigma de Guillermo Tell no fue cosa tan sencilla como se imaginaba Freudenberger. Parece evidente que la leyenda popular acerca de Palnatoke, relatada por Saxo Grammaticus (hacia 1180), debió llegar a Suiza en su forma literaria y sirvió de base para el fundamento de la leyenda de Guillermo Tell. Grimm, en su *Deutsche Mythologie*, sostuvo que la muerte del rey Harold Bluetooth a manos de Toke fue histórica, mientras que el disparo a la manzana era completamente mitológico. Por otra parte, el erudito Konrad Maurer, que estaba mucho mejor informado sobre las costumbres antiguas del Norte, negó a Palnatoke existencia histórica alguna. Sin embargo, en la leyenda original no es danés, sino un caudillo finlandés. En el disparo fatal hay, pues, una gran parte de mitología. La significación básica de la palabra *Tell* es el de un loco que obra a ciegas (como hizo Hodur cuando dio muerte a Baldur). Por otra parte, la leyenda es universal. El poeta persa Farid-ud-din'Attar, nacido en 1119, mencionaba en su obra *Mantik-uttair o Lenguaje de los pájaros* (1175) a un rey que tenía un esclavo favorito. En la cabeza de éste colocaba manzanas, contra las cuales disparaba flechas partiéndolas invariablemente, hasta que el esclavo se ponía enfermo de terror.

En el salto de Tell desde el bote hay también una parte mitológica. A través de los tiempos se ha sustentado una firme tradición de que los dioses en lucha con los demonios, o el héroe cuya vida estaba en peligro, se ponían a salvo de sus perseguidores merced a un salto maravilloso. Por ejemplo, Glauco, apellidado Poncio, era un pescador que saltó al mar y llegó a ser adorado como un dios en la ciudad beocia de Anthedon. En tiempos remotos existía un lugar junto al mar conocido por "el salto de Glauco". Cuando el poeta anglosajón Cynewulf refirió la vida de Jesús en 1006, disponía la Ascensión en tal forma que Jesús tenía que dar seis saltos milagrosos, de los cuales sólo con el último conseguía entrar en el Cielo.

No fiando mucho en la mentalidad de Tell, se le dieron prematuramente tres protectores, según la leyenda: Werner von Stauffacher, Walter Fürst y Arnold von Melchtal. Estos se reúnen en Rütli para establecer la Confederación Helvética. Tell queda excluido de sus reuniones. Todo lo demás es igualmente fabuloso e imaginario.

Hay una mácula en la reputación del historiador suizo Johannes von Müller, quien, sin consideración a su propia y justa fama, trató, aunque en términos vagos y ambiguos, de Tell y Gessler, bien que personalmente estaba convencido de que la leyenda, fuere como fuere, carecía de todo fundamento histórico.

Posteriormente, en virtud de la hermosa tragedia de Schiller *Wilhelm Tell*, escrita bajo la inspiración de Goethe, la significación de Tell, como héroe nacional suizo y la personificación del amor a la libertad quedaron establecidas para los tiempos venideros. Hasta tal extremo se ha identificado este personaje con el Estado suizo, que durante largo tiempo aparecía su efigie en los sellos de correo de Suiza.

Nunca existió, pero para el caso es lo mismo. Es, y seguirá siendo, un vivo ideal y como un modelo aún marca las inteligencias de los hombres. Lo mismo puede decirse respecto a otra figura, perteneciente también al mundo de la leyenda, pero que ha ejercido un influjo aún mucho más poderoso en la vida espiritual de Europa y sus antiguas colonias de América y Asia y, en ésta, principalmente Oceanía.

EL MITO DE JESÚS

I.

Es verdaderamente extraño y mueve a gran confusión que el grupo de pequeños escritos a los que, de acuerdo con Marcos (14, 24) se les ha dado el extraño título colectivo de Nuevo Testamento, no se hallen colocados por orden cronológico, es decir, el más antiguo el primero, y después el resto por el orden de su invención. Evidentemente, este orden no ha podido ser establecido con absoluta certeza y lo que ocasiona que el problema se complique aún más haciéndolo singularmente dificultoso, es que la mayoría de estas escrituras han sufrido numerosas enmiendas, eliminaciones y añadiduras, de suerte que con frecuencia diversas partes del mismo texto son de fecha distinta.

Hace cincuenta años, los diez sabios y eruditos teólogos alemanes que publicaron la llamada Biblia Protestante, de 1872, fueron unánimes en afirmar que el Apocalipsis, o la Revelación de San Juan, que aparece en último lugar en el Nuevo Testamento, fue escrito en realidad con anterioridad a todo lo demás.

En la actualidad, sabios investigadores se inclinan a creer que la Revelación de San Juan en su origen no fue una obra cristiana, sino judaica, y que ha adquirido su forma actual merced a reescritos muy posteriores. A pesar de este cambio, nada indica que la figura sobrenatural mencionada en la Revelación tenga algo de común con el joven carpintero (o albañil), predicador luego de Galilea, cuya vida, o parte de ella, constituye el argumento del Evangelio según San Marcos. El Mesías del Apocalipsis aparece en los cielos y tiene una voz como "la gran trompeta" de que habla Isaías (27, 13). Este Mesías exclama: "Yo soy el alfa y la omega, el primero y el último...", términos empleados por Jehová refiriéndose a sí mismo en el Antiguo Testamento (Isaías, 48, 12).

Está este personaje, al lanzar sus oráculos, de pie en medio de siete grandes candelabros, semejante al Hijo del Hombre, envuelto en un ropaje que le llega a los pies y con un cinturón de oro ceñido alrededor del pecho. Su cabeza y sus cabellos son blancos como la lana o la nieve. Sus ojos son como llamas de fuego. Sus pies, como un hermoso bronce que saliera encendido del horno. Su voz es semejante al murmullo de muchas aguas. En la mano derecha tiene siete estrellas y de su boca asoma una cortante espada de dos filos. Su semblante es como el sol cuando brilla con todo su esplendor.

El autor de esta descripción ha tenido a la vista el Libro de Daniel, lo ha copiado en parte, y en parte ha parafraseado el pasaje (7, 9) donde se lee lo siguiente:

"Sus vestiduras eran blancas como la nieve y sus cabellos como la lana pura, su trono era como ígnea llama y sus ruedas como el ardiente fuego".

Es decir, que nos encontramos con una imagen quimérica sacada del Libro de Daniel, que mucho tiempo después se modificó con la pintura de un joven adolescente errante y predicador, aludido en diversas partes de los Evangelios. Estos libros anónimos de edificación, que han ejercido tan poderoso influjo en todas las ramas humanas de Europa y América y de tan poco valor histórico, se han colocado en el Nuevo Testamento como de mucha anterioridad a las epístolas de Pablo, de las cuales las contadas páginas que son auténticas nos revelan el grado de sentimientos de una época mucho más lejana. Pues bien, esta interpolación ha ocasionado irreparables daños, propagando una multitud de invencibles prejuicios y haciendo casi imposible, aun para los mejor informados de nuestra generación, tener un conocimiento más exacto de los hechos reales históricos y espirituales, en lugar de los adoptados tan arbitrariamente.

II.

Durante los siglos XVIII y XIX, la tan criticada tendencia denominada librepensamiento, dirigía su atención principalmente hacia los llamados milagros. Poco a poco había tomado forma la idea de que lo que nosotros llamamos leyes naturales eran manifestaciones auténticas del espíritu divino. Y naturalmente, muchas personas comprendieron cuan absurdo e inverosímil era el hecho de que una deidad, o un ser humano especialmente inspirado, revelase su naturaleza superior mediante la violación de leyes que eran también divinas. Por ello, los racionalistas consideraban los milagros como simples embellecimientos de sucesos históricos o como deliberadas interpolaciones encaminadas a sustentar una creencia en poderes sobrenaturales que, acudiendo puramente a la razón, no había medio de establecer. En efecto, disponiendo de los milagros, las religiones estaban aseguradas incluso sin requerir fundamentos históricos; pero, al no tenerlos en cuenta, los librepensadores idearon lo que ellos denominaron "la religión de la razón".

En Inglaterra, como en Francia y en Alemania, para Lord Herbert de Cherbury, John Toland y Anthony Collins; para Fontenelle, Juan Meslier y Voltaire; para Reimaru's, Moses Mendelssohn y Lessing (que fue el más grande que todos ellos), son los milagros aquellos acontecimientos que nos son presentados como históricos, no obstante ser contrarios a la Naturaleza; elementos imaginarios que constituyen la fortaleza que ha de ser asaltada, o el campo de batalla sobre el cual y para el cual la lucha debe de ser especialmente encarnizada.

Allá por el año 1863, el único objeto de Renan en su *Vida de Jesús*, fue extraer de un cúmulo de escoria mitológica aquella frágil figura de Cristo de Marfil que él creó mediante una mezcla de crítica, de psicología de raza y de genio sentimentalmente poético, sirviéndose de sí mismo para modelar la dulzura y trascendente ironía de aquel símbolo, mientras que como modelo para su actitud severa y amenazadora hacia la hipocresía clerical se sirvió de Lamennais, tal como éste aparecía después de su ruptura con Roma. Hoy día no se concede importancia alguna a un problema que hace cincuenta años preocupó a gentes religiosamente interesadas. La controversia sobre si los milagros son posibles o probables, ha desaparecido por sí misma. No se ha suscitado más, porque nadie está interesado en ello, a excepción de aquellos ocupados en exponer faquires, médiums y charlatanes, que pretenden poner en uso métodos afines a una magia pasada ya de moda. Ahora el problema ha adquirido un aspecto y una magnitud completamente distintos.

Todos los investigadores de los antiguos ritos religiosos saben muy bien que la imagen ideal de un martirizado y torturado injustamente; de un atormentado precisamente por ser bueno y justo; de un elegido como víctima de la maldad humana y que padece sus sufrimientos por el amor de los demás..., saben muy bien, repito, que esta imagen había sido creada con fervorosa pasión mucho tiempo antes de la época en que se supone que el histórico Jesús tuvo su venida a este mundo. La figura del doliente Mesías era la personificación del pueblo judío, tan oprimido y maltratado por sus vecinos, y, no obstante, tan fuerte o más que éstos, porque era el intérprete de la verdad y de la justicia. Este ideal de majestad, de sufrimiento injusto, de humanidad superior, ya se discierne en el segundo Isaías. Bajo otro aspecto, es el mismo ideal revelado a Platón en su contemplación de la superioridad espiritual de Sócrates, cuya recompensa fue también una muerte ignominiosa.

En otros términos: la figura de Cristo como un ideal de superioridad espiritual, de amor a la humanidad, de caridad y pureza, existió muchos siglos antes que el generoso Galileo, del pueblo del cual se dijo hace mil novecientos años, que había dado incorporación histórica a este prototipo. La misma figura le sobrevivirá durante muchos siglos venideros, aun cuando él, como ahora parece probable, nunca existiera. Por consiguiente, en último análisis, no tiene importancia saber en qué forma se desarrolló su existencia sobre la tierra. No hemos de inquirir más sobre si Jesús nació en virtud de un milagro, si realizó curas milagrosas o si ahuyentó espíritus malignos por medios milagrosos. Ignoramos lo que es un diablo, como tampoco sabemos qué se entiende por un nacimiento virginal u otros sucesos milagrosos. Esto son visiones espectrales nunca vistas por nosotros y jamás presentes en nuestra imaginación.

III.

Lo que ahora nos maravilla no es la cuestión de los milagros, o de los no milagros, sino el modo en que toman forma los mitos y las leyendas. Un nuevo lector de la Biblia, por ejemplo, se quedaría perplejo por el hecho de que la crucifixión de Jesús, si tuvo lugar alguna vez, pudiese llevarse a cabo por los propios judíos entonces existentes, pues es un hecho probado que los judíos que habitaban la Palestina de aquellos tiempos no tenían jurisdicción legal ninguna. Por consecuencia, estaban totalmente incapacitados para pronunciar sentencias sobre nadie. Además de esto, es muy difícil comprender qué interés podrían tener en incitar al pretor romano para que quitase la vida a Jesús. Y parece inverosímil además, que aquel cediese a tales incitaciones.

No sería más concebible el hecho de que el virrey de la India sentenciase a muerte a un indio por expresar opiniones heterodoxas sobre las doctrinas de Buda, que el que un pretor romano interviniese, debido a una acusación como la que fue hecha contra Jesús, Marcos (14, 18) y que obrase así, en una cuestión que podría ocasionar un conflicto. Se refiere que Cristo dijo:

"Yo destruiré este templo que está construido con manos, y en el término de tres días edificaré otro hecho sin manos". El Evangelio según San Juan toma estas palabras en sentido simbólico. Tomadas literalmente, como en Marcos, no parecen denotar cosa alguna de peligro social.

Supongamos que un hombre de nuestros días fuese acusado de haber dicho: "Destruiré el Christianborg[1], y en el espacio de tres días edificaré otro palacio de mucha mayor belleza". Pues bien, el tribunal, lo primero que haría sería comprobar si en realidad había dicho semejante cosa. Después averiguaría si el acusado había dado algún paso hacia la destrucción material del palacio. No habiendo ocurrido esto, el asunto sería olvidado indudablemente. Cualquier indagación encaminada a averiguar si en efecto se había dado algún paso hacia la construcción de un Christianborg celeste, puede considerarse como absolutamente fuera de la cuestión.

Del mismo modo, el pretor romano procuraría ante todo, sin duda alguna, cerciorarse de si en efecto el acusado había hecho algún intento para echar abajo el Templo. De no ser esto probado, comprendería que las palabras atribuidas a Jesús, caso de ser como se refiere, habrían de

---

[1] Uno de los palacios de Copenhage.

interpretarse en sentido poético o simbólico, y por lo tanto no se ocuparía más del asunto al no tener interés alguno para él.

De esto podemos estar bien seguros, pues en los Hechos (18, 12), en los cuales, excepcionalmente, aparece un personaje histórico dando así crédito a la narración, leemos la contestación dada por Junius Anneus, hermano de Séneca, quien siendo procónsul en Akaya (D. D. 51, 52) como los judíos de Corinto acusaran a Pablo de "que persuadía a los hombres para que adorasen un Dios contrario a la ley", les contestó:

"Si se tratase de un asunto de falsedad o de perversa lascivia, ¡oh judíos!, la razón me impulsaría a estar de vuestra parte; pero siendo como es una cuestión de palabras y nombres de vuestra ley, resolvedla vosotros, pues no quiero ser juez en tales asuntos".

En casi todas las páginas del Antiguo Testamento se encuentran expresiones que podrían interpretarse como referencias al Mesías, al que se suponía que había llegado. En el Deuteronomio (18, 15), se ponen estas palabras en boca del mismo Moisés: "El Señor, tu Dios, hará de ti y del medio de ti un profeta, de tus hermanos y también de mí; vosotros le escucharéis". Es así que en Juan (6, 14), se encuentra una alusión a estas palabras inmediatamente después de la narración acerca de la comida de cinco mil hombres con cinco panecillos. Entonces dijo la multitud: "Este es verdaderamente el profeta que habría de venir al mundo". Y en los Hechos (3, 22), Pedro saca una consecuencia de las mismas palabras de Moisés.

En el profeta Zacarías se encuentran varios pasajes que sin duda alguna han sugerido hechos atribuidos a Jesús. En Zacarías (9, 9) leemos lo siguiente: "Regocíjate grandemente, oh hija de Sion; alégrate, oh hija de Jerusalén, he aquí que tu rey viene a ti, es justo y trae la salvación; viene a ti, humilde, montado en un asno, en el asnillo nacido de la burra".

Y de nuevo leemos en Zacarías: "Y en aquel día no habrá más cananeos en la casa del Señor de los ejércitos". Esto puede interpretarse como una excusa para atribuir a Jesús su ataque, por otra parte irrazonable, a aquellos que vendían palomas para el sacrificio en la parte exterior del Templo, o que cambiaban monedas destinadas a ser pagadas en diezmos. ¡Imaginaos a un reformador moderno que tratase de expulsar a las ancianas que enfrente de *Notre Dame* se dedican a vender velas de cera destinadas a ser encendidas por la paz de los muertos!

IV.

Y una vez despertadas las sospechas mediante observaciones de este género, pronto se llega a la evidencia de que la historia de la Pasión no pudo en modo alguno haber sucedido como se relata en los Evangelios.

Volvamos al Salmo 22 en el Antiguo Testamento. Comienza con estas palabras: "Dios mío, Dios mío, ¿por qué me has abandonado?". Tal es la exclamación de Jesús expirando en la cruz. Pero ¿no parece cosa extraña que expirase con una pregunta en los labios?

Y ¿quién la oyó? En el más antiguo Evangelio ninguno de sus adeptos se hallan presentes. Todos los apóstoles, o discípulos, como allí son denominados, habían huido (Marcos: 14, 50) y Pedro le había negado. Según la última y mucho menos verídica declaración de Mateo, cierto número de mujeres observaban desde una gran distancia. Parece ser que estas mujeres fueron introducidas principalmente porque el narrador pensó que sería impropio que Jesús muriese sin la compañía de una sola persona de su afecto. Pero precisamente las coloca tan lejos que no es posible pudiesen oír las últimas palabras del moribundo.

En el salmo ya citado, que debe de ser algunos siglos más antiguo que la historia de la Pasión, leemos más adelante (22, 7): "Todos los que me ven se ríen y se burlan de mí, sacan la lengua y mueven la cabeza".

Las mismas palabras acerca del crucificado se repiten textualmente en Mateo (27, 39). Nuevamente, leemos en el salmo 22, versículo 16: "Los malos me han cercado: agujerean mis manos y mis pies". Pasaje del que deriva no solamente el de Juan (20, 25), donde Tomás insiste en ver las huellas de los clavos en las manos de Jesús, sino también la forma en que todo el arte cristiano representa al Crucificado, con manos y pies taladrados y sin el pequeño asiento donde fue puesto el condenado y donde sus pies, como es natural, serían atados y no clavados a la cruz. De cualquier forma, el tormento era bastante cruel. En la septuagésima versión del Antiguo Testamento que se ha empleado anteriormente, en el salmo (22, 16) se encuentra este confuso y mal comprendido pasaje: "Desgarraron mis manos y mis pies"; lo cual más tarde llegó a ser: "Agujerearon mis manos y mis pies". Debiera decir: "Se tiraron como leones a mis manos y a mis pies". Se supone que la primera versión contiene un simbolismo de la crucifixión.

Más adelante, en el salmo 22, versículo 18, leemos: "Se repartieron mis vestidos entre sí y sobre mi túnica echaron a suertes". Aquí tenemos el indudable principio de Mateo (27, 35), donde se refiere como los que habían crucificado a Jesús se reparten sus vestiduras echando a suertes. De suerte que el estudio de un solo salmo es suficiente para poner al lector en el justo lugar, haciéndole ver cómo los pormenores de la historia de la Pasión fueron extraídos y coleccionados de relatos del Antiguo Testamento, siempre añadiendo una explicación a fin de que se cumpliese la antigua profecía, un género de razonamiento sin significado para la generación actual. No se ve en esto la reunión gradual de una pintura mosaica extraída de antiguas citas sabidas de memoria.

En el salmo 41, 9, se hace referencia a una traición del orador por parte de alguien en quien él confiaba y el cual había comido de su pan. También se dice que aquel que se mofaba de él no era enemigo suyo, que el que se honró a expensas suyas no era un rival envidioso, sino un hombre al cual se juntaba familiarmente y en el cual veía a un amigo. En los Hechos (1, 16), se interpreta este pasaje como una clara profecía alusiva al acto de Judas, de suerte que podemos sospechar que la figura total de Judas se deriva del pasaje en cuestión.

En el salmo 69, 21, leemos: "También me dieron hiel por comida y en mi sed me dieron vinagre para beber". Advertimos una vez más de qué modo un detalle tras otro de la historia de la Pasión fueron tomados directamente del Antiguo Testamento.

En Isaías (49, 6) obtenemos una impresión análoga: "Di mis espaldas a los que me golpearon y mi rostro para que me arrancasen el pelo; no oculté mi rostro a las afrentas y a los salivazos". En la Sabiduría de Salomón (2, 12 et seq.), encontramos estos pasajes: "Mintamos en espera del justo; porque él no es de los nuestros y se halla purificado en contradicción con nuestras acciones; él nos reconviene porque ofendemos a la ley... El pretende poseer la sabiduría de Dios, y se llama a sí mismo el hijo del Señor... Nos acusa de impostores; se abstiene de nuestras costumbres como de la impureza... y se jacta de que Dios es su padre. Veamos si sus palabras son verídicas y probemos lo que habrá de acontecer en su muerte. Pues si en efecto el hombre justo es el hijo de Dios, El le auxiliará y le librará del poder de sus enemigos. Mirémosle con aversión y con tortura para que podamos conocer su humildad y probar su paciencia. Condenémosle a una muerte vergonzosa".

Y en Isaías (11, 1 et seq.), se encuentran estas famosas expresiones: "Saldrá una vara del tronco de Jessé y de sus raíces brotará una Rama: y el espíritu del Señor reposará sobre él, el espíritu de la sabiduría y de la inteligencia, el espíritu del consejo y del poder, el espíritu de la ciencia y del temor del Señor... Juzgará a los pobres con justicia y acusará con equidad a los humildes de la tierra: y golpeará la tierra con la vara de su boca, y con el soplo de sus labios dará muerte a los malvados... El lobo habitará con el cordero y el leopardo se acostará con la cabritilla; y el ternero y el leoncillo y el pequeño cebón andarán juntos, y los conducirá un niño. Y la vaca y el oso apacentarán juntos; sus crías se acostarán juntas; y el león, comerá paja como el buey. Y el niño de teta jugará sobre la cueva del áspid, y el recién destetado pondrá su mano, en la madriguera del basilisco".

Aquí se anuncia una existencia paradisíaca que Jesús, como aparece en los Evangelios, no se aventura a esperar mientras dure sobre la tierra nuestra vida actual.

Pero las doctrinas de Jesús están claramente pronosticadas en Isaías (58, 6 et seq.): "¿No es este el ayuno que yo he elegido... para dar el pan al hambriento y que tú traigas a los pobres que son arrojados a tu casa? Cuando, veas al desnudo que lo cubras... Entonces tu luz resplandecerá como la aurora... y tu virtud irá delante de ti; la gloria del Señor será tu premio".

Las milagrosas curas de Jesús están igualmente pronosticadas en Isaías. En Mateo (8, 17), leemos: "Para que se cumpliese lo que fue dicho por el profeta Isaías, diciendo: El mismo aceptó nuestras dolencias y sufrió nuestras enfermedades". Mateo (11, 5), hace decir a Jesús: "Los ciegos recobran la vista, los cojos andan, los leprosos quedan limpios y los sordos oyen". En Isaías (35, 5) leemos aludiendo a la llegada de Dios: "Entonces los ojos de los ciegos quedarán abiertos y los oídos de los sordos libres para oír. Entonces el cojo saltará como un ciervo y la lengua del mudo murmurará". También la redención está predicha en Isaías (61, 1): "El me ha enviado para dar ánimos a los abatidos, para proclamar la libertad a los cautivos y abrir la prisión a los que están encarcelados".

En Isaías (53, 2 et seq.), se lee: "El se desarrollará, como una tierna planta y como una raíz en terreno árido: él no tiene forma ni gracia, y cuando le veamos no habrá más belleza que no le deseemos. Es despreciado y recusado por los hombres; es un hombre de dolores y está identificado con el agravio; y nosotros ocultamos de él nuestros rostros; él fue despreciado y nosotros no le honramos".

La historia de la Pasión, recopilada sobre una base de meros caprichos y lamentos extraídos del Antiguo Testamento, aparece preparada especialmente por las descripciones en el segundo Isaías de los sufrimientos de Israel personificado. Aquí encontramos aquella idea tan divulgada del que sufre en lugar o por amor a otro, lo que acontece en cierto número de antiguas religiones, como también más tarde en el Cristianismo. Aquí el principio de la expiación por otros es ya el punto central.

Isaías (53, 4) dice: "Sin duda alguna, él ha soportado nuestros agravios y padecido nuestros dolores, no obstante, quisimos verle golpeado, castigado por Dios y afligido. Empero, fue herido por nuestros delitos y castigado por nuestras iniquidades; el castigo de nuestra paz fue sobre él y con sus azotes quedamos curados. Todos nosotros como ovejas nos hemos extraviado; todos hemos vuelto a nuestras costumbres, y el Señor ha arrojado sobre él toda nuestra iniquidad. Sufrió por los delitos de muchos e intercedió por los que delinquieron". En los Hechos (8, 28 et seq.), el pasaje del mismo capítulo de Isaías que, menciona al cordero llevado a la matanza, se interpreta de modo significativo como una alusión a Jesús.

V.

Sir George Frazer, probablemente el primer mitólogo de nuestros días, dice en *La Rama de Oro (The Golden Bough):* "La transferencia del mal, al principio de los sufrimientos por otros, es comprendido y practicado generalmente por razas y pueblos que se hallan en un nivel inferior de cultura social e intelectual. Esto sucede en la historia de la antigüedad clásica, mientras los pueblos permanecieron en estado de barbarie. El ejemplo característico es el sacrificio de Ifigenia".[2]

El culto del dios asirio Attis tenía de común con el Cristianismo la purificación del alma mediante el derramamiento de sangre. Y es muy significativo advertir de qué modo sus ritos procuraron que la sangre del buey sacrificado fuese derramada en el mismo lugar donde está situada la iglesia de San Pedro.

Ya casi nadie considera el Evangelio, según San Juan como una videncia documentada de hechos históricos. Todo él es puro simbolismo y pura teología. Introduce una vez más en forma rejuvenecida la concepción mesiánica que había existido algunos siglos antes. Los relatos de los Evangelios primitivos, denominados Sinópticos, se hallan transformados en él en simbolismo y misticismo. El número de milagros referidos son siete. El cojo que queda curado el sábado, que es el séptimo día. El gran número de años, durante los cuales permaneció impotente, simboliza al pueblo judío esperando al Mesías. El hecho de curarse a sí mismo (Juan, 5, 17), se describe como un símbolo de la plena actividad de Jesús. La multiplicación de los panes es un símbolo de la distribución del pan de la vida. El milagro de Jesús caminando sobre las aguas significa que Jesús se halla victorioso, que es un espíritu, que es el Verbo volviendo una vez más a su eternidad primitiva. La cura del ciego significa que el Mesías es la luz del mundo; la resurrección de Lázaro de entre los muertos, que él es la vida.

El misticismo de los números se encuentra por todas partes. Jesús pasa tres veces a través de Galilea y otras tres veces recorre la Judea. El número de milagros realizados en cada caso son tres. Tres veces denuncia a Judas (Juan: 13,18-21-26), como el que va a hacerle traición. Jesús se levanta del sepulcro al tercer día y después se deja ver tres veces. Este Evangelio parece haber

---

[2] Ifigenia, Mitlg. Hija de Agamenón y Clitemnestra. Su padre quiso sacrificarla a Diana para tener vientos favorables a la flota helénica, pero la diosa se la llevó a Táuride como sacerdotisa.

sido escrito en la primera mitad del siglo segundo. Pero por mucho que queramos remontarnos, las recopilaciones publicadas repetidamente y gradualmente formadas y conocidas con el nombre de Evangelios Sinópticos, deben de ser, por lo menos, cincuenta años anteriores a las partes auténticas de las epístolas atribuidas a Pablo.

Pablo, o sea el pequeño Saulo, debió haber sido un hombrecillo violento y arriesgado, acerca del cual se nos cuenta en los Hechos que obtuvo trabajo en Corinto en casa de un matrimonio judío, Aquila y Priscilla, los cuales se dedicaban a construir tiendas de campaña y estaban desterrados de Roma por el emperador Claudio.

Por lo visto, ambos cónyuges habían estado complicados en los disturbios mencionados por Suetonio en un famoso y confuso pasaje que parece, aunque atribuido a él, copiado de algún historiador más reciente. Esta pasaje dice así: "Como los judíos, excitados por Chrestus, promovían continuos disturbios, él (Claudio) los desterró de Roma".

En aquel tiempo Chrestus era un nombre dado con frecuencia a los esclavos y libertos. En las inscripciones halladas debajo de la iglesia de San Pedro de Roma cuando se hicieron ciertas reformas durante la última época del Renacimiento, se encontró este nombre nada menos que ochenta veces.

Aquila y Priscilla se hallaban probablemente entre los judíos expulsados de Roma entonces. Se ganaban la vida construyendo tiendas de campaña o barracas, y tomaron a su servicio como compañero de trabajo a este fogoso, incansable e ingobernable pequeño Saulo de Cilicia.

Las epístolas que llevan su nombre, auténticas o no, son mucho más antiguas que los Evangelios. El autor de estas epístolas nunca había visto a Jesús y nada sabe ni nada nos refiere en absoluto acerca de la verdadera vida de aquél. El hombre llamado Pablo tiene de Jesús una concepción puramente teológica. Según la epístola a los colosenses (1, 15-16), es como sigue: "El cual es la imagen del Dios invisible, la primera de todas las criaturas; pues por él fueron creadas todas las cosas, las que están en el cielo y en la tierra, visibles e invisibles, ya sean tronos, imperios, principados o naciones: todas las cosas fueron creadas por él y para él". Mediante definiciones como esta, no hay medio de estar informado acerca del hijo de un carpintero de Galilea, el cual, a causa de su agitación puramente espiritual, se dice que fue ejecutado por el gobernador romano en Jerusalén. Empero, más adelante parece como si nos apartáramos del más débil reflejo de verdadero sentido humano.

Durante muchos años, las controversias han sido muy apasionadas en lo tocante a qué partes de las epístolas atribuidas a Pablo podrían considerarse como auténticas, pues se sospecha que en todas ellas se introdujeron interpolaciones posteriores, sobre que algunas no pudieron ser escritas por él en modo alguno. Lo más verosímil parece ser que sólo las epístolas a los gálatas, a los romanos y algunas partes de la primera a los corintios pueden considerarse como auténticas.

En nuestros días el problema puede haber perdido algún interés. No obstante, si fuesen más antiguas que los Evangelios, los escritos de Pablo pueden muy bien tener fecha anterior. Y hay personas, como el holandés Van Manen, que sostienen firmemente que nada indica en el siglo primero la existencia de un "apóstol" que predicase el género de ideas atribuidas a Pablo. Parece probable que el establecimiento de grandes congregaciones que no fueron judaicas, sino exclusivamente cristianas, no tuvo lugar hasta el siglo segundo.

Una teoría en apariencia irónica, pero de seriedad absoluta, expuesta por el eminente investigador inglés de la Biblia, Tomás Whittaker, insinúa que el verdadero fundador del Cristianismo histórico fue el Gran Sacerdote Caifás, a causa de su "aviso a los judíos", el cual, según el autor del Evangelio de San Juan (11, 50-51), debió haber sido puesto en sus labios por inspiración divina: "Vosotros no sabéis nada, ni consideráis que es conveniente para nosotros que un hombre muera por el pueblo y no que toda la nación se pierda". Y esto no lo dijo de sí mismo, sino que, siendo el sumo pontífice de aquel año, profetizó que Jesús habría de morir por la nación.

Y Caifás es un personaje histórico, llamado y conocido como tal por Flavio Josefo, lo cual no puede decirse de Jesús, pues el pasaje falsificado en las "Antigüedades Judaicas" (18, 63), hace mucho tiempo que ha sido reconocido como tal aun por los eruditos más conservadores.

En tiempos de Josefo existía otro escritor, quien, como él, era a la vez soldado e historiador. Se dice que era compatriota de Jesús en el sentido más exacto de la frase, pues procedía de la misma comarca donde se dice que nació Jesús. Se llamaba Justo de Tiberias. Como Josefo, escribió sobre *Las Guerras de los Judíos*. Además escribió una *Crónica de los Reyes Judíos desde Moisés hasta Agripa II*. Ambas obras se han perdido, pero fueron leídas en el siglo IX por Focio, patriarca de Constantinopla, quien experimentó una gran sorpresa al advertir que en ninguna de ellas se hacía mención de Jesús, como igualmente ocurría en las obras de Josefo.

VI.

Los escritores paganos de Roma no nos dieron ninguna referencia evidente de Jesús. La primera mención de él se encuentra en una carta de Plinio el Joven al emperador Trajano, escrita en el año 111 ó 112, cuando Plinio había sido enviado como *legatus propraetore* a las provincias de Bitinia y Ponto, y se dice que encontró en ambas, un gran número de cristianos. Pero ¿puede tenerse por auténtica esta carta? Debemos advertir que la única forma en que ha llegado a nosotros es como un manuscrito completamente separado del resto de sus cartas. Además, en relación con sus alusiones a los cristianos, habla Plinio de "Clemente de Roma" como de un hombre bien conocido, quien en realidad ha escrito las epístolas a él atribuidas. Pero el asentimiento de la opinión experta es que, de estas epístolas, sólo la primera de la Iglesia de Roma a los corintios puede tal vez ser auténtica. Y ésta no fue reconocida hasta el año 170. ¿Cómo, pues, podía Plinio saber cosa alguna acerca de ella? Esta circunstancia da lugar a una gran sospecha sobre la mención de Plinio acerca de los cristianos en la epístola 96. Véase lo que se supone que escribió a Trajano:

"En cuanto a aquellos que negaron que eran cristianos, me incliné a dejarlos en libertad tan pronto como hubiesen adorado a los dioses y hecho el sacrificio a tu estatua. Todos aquellos (que dijeron no ser cristianos) hicieron reverencia a tu estatua y blasfemaron de Cristo. Y afirmaron que su único error y desacierto consistía en haberse reunido, de acuerdo con la costumbre establecida entre ellos, al amanecer de un día fijado de antemano para entonar por turno cantos a (*carmini*) a Cristo como si fuese un dios (*Christo quasi deo*)".

Si, como parece sumamente dudoso, fuese verídico este pasaje, entonces vio Plinio en la conducta de los cristianos una amenaza pública personificada en este nuevo dios que había sido injertado en el antiguo y receloso dios de los judíos, y al cual entonaban cánticos, dios que parecía incompatible con los demás dioses del imperio, a los cuales los adoradores del Mesías no habrían de ofrecer incienso y vino, y, por consiguiente, era también incompatible con el culto del divinizado César.

Sea como fuere, sólo hay dos referencias de Cristo en la literatura latina. Ambas se encuentran en obras de escritores romanos que vivieron hacia el período de transición del primero al segundo siglo. Estas obras son las de Tácito y Suetonio, amigos ambos de Plinio el Joven.

En los Anales de Tácito (XV, 44), con su estilo señaladamente dramático, leemos en relación con el incendio de Roma bajo el imperio de Nerón:

"Nerón sospechó de ciertas personas que eran responsables de este crimen. A éstas las condenó a los más crueles tormentos. Eran gentes a quienes odiaba todo el mundo por sus infamias, y a las cuales se les denomina vulgarmente *Chrestiani*. El que dio origen a este nombre (*Christus*) fue sentenciado a muerte por el procurador Poncio Pílatos durante el reinado de Tiberio".

Nos parece imposible que cualquier crítico imparcial dude de que este pasaje representa una interpolación, una falsa añadidura al texto, intercalada mucho tiempo después de la época de Tácito por algún fraile o traductor cristiano. Está redactada en el más completo acuerdo con la tradición cristiana, que gradualmente había llegado a establecerse. *Jristianói*, que es el equivalente griego de *Christiani*, es una denominación que difícilmente pudo haber sido conocida por Tácito cuando escribió los *Anales*. El vocablo griego Cristo *(Jristos)*, en lugar de Mesías, no entró en uso hasta la época de Trajano. Ninguno de los Evangelios emplea la palabra cristianos en relación con aquellos que seguían a Jesús.

El único pasaje, (Hechos: 11, 20) en el cual se hace mención de la conversión de los gentiles indica este suceso como originario en los tiempos de Antioquia. Tácito no menciona el nombre de Jesús, y en apariencia no sabe nada de él. Parece que considera *Cristo* como un nombre personal e ignora que significa lo de Mesías. No obstante, lo que es singularmente sospechoso es que, cual pudiera hacer un cristiano de época más reciente, habla de Pilatos como si este personaje debiera ser familiar a los lectores, sin dar explicaciones adicionales. La realidad es ninguna obra de Tácito ha llegado a nosotros sin interpolaciones apócrifas. La fe demostrada por Gibbon sobre la pureza e integridad de los antiguos manuscritos de Tácito ha sido desechada hace mucho tiempo. Existe la razón más poderosa para creer que este pasaje es una falsificación, porque lo que Tácito refiere, o se le hace referir, acerca de la relación de Nerón con los cristianos no puede ser verídico en modo alguno. No puede concebirse que, en tiempos tan lejanos como en los de Nerón, los secuaces de Jesús en Roma pudiesen haber formado una congregación lo suficientemente numerosa para atraer la atención pública y despertar de ese modo el odio del pueblo hasta llegar a verse bajo el peso de una acusación como la de haber incendiado la ciudad. ¿Y cómo podía Tácito, que nunca tomó en serio las doctrinas de los judíos y que, según Tertuliano, creía que su dios, al cual nunca distinguió del de los cristianos, era un hombre con la cabeza de asno, como aquel del famoso *grafitto*[3] de la crucifixión, considerar la presencia en Roma una pequeña secta judía como una amenaza para el imperio? ¿Ningún hombre razonable de estos días cree en la leyenda que pinta al misma Nerón como incendiario de Roma. Suetonio, que pretendía sospechar algo de él, no había oído rumor alguno que le señalara como culpable.

Ni existía razón alguna para que Nerón acusase a los cristianos de haber provocado el incendio. Ellos se llamaban a sí mismos *Jessés* o *Nazarenos*, elegidos o santos, y por el estilo. Comunmente eran considerados como judíos. Observaban la Ley Mosaica y el resto de la población no podía distinguirlos de otros judíos. Por otra parte, se ocultaban y procuraban atraer sobre sí la menor atención posible.

La historia de las antorchas vivientes o animadas que ha llegado a nosotros desde Tácito, parece el producto de una imaginación excitada por la lectura de un martirologio cristiano más reciente. El suplicio del fuego no existía en Roma en época de Nerón. Los jardines donde se supone que fueron levantadas estas antorchas se habían convertido en lugar de refugio para los desgraciados que habían quedado sin hogar a causa del incendio de la ciudad. Estaban amontonados en tiendas de campaña, en barracones de madera y, entre los cuales nadie pensaría, ciertamente, en erigir piras para quemar a los criminales.

Los escritores paganos no demuestran conocimiento de estos horrores. Los más antiguos autores cristianos sabían bien poco de estas "antorchas vivientes", que habrían suministrado tan excelente material de propaganda. La mención más antigua de ellas se encuentra en una conocida falsificación del siglo cuarto, la correspondencia totalmente imaginaria entre Séneca y el apóstol Pablo. Una mención más extensa de ellas aparece en Sulpicio Severo, que murió en el año 403, pero está mezclada con leyendas cristianas, tales como la muerte de Simón Mago y el episcopado romano de San Pedro. Como es natural, las palabras empleadas por Sulpicio son idénticas a aquellas atribuidas a Tácito. Es objeto de dudas si el texto de Tácito empleado por Sulpicio contenía la famosa alusión a los cristianos *odium generis humani*. De otro modo debería haber llegado a ser conocida por otros escritores cristianos que citaron a Tácito. Lo más verosímil es que el pasaje de Los Anales (15, 44), fuese transferido a Tácito de Sulpicio por algún escritorzuelo monástico para la mayor gloria de Dios y para fortalecer la continuación de la

---

[3] Grafito (grafitti) escritos, señales y dibujos de menor importancia en monumentos antiguos, frente a inscripciones, palabra reservada para los de más interés y consideración.

tradición cristiana mediante la evidencia pagana. Por todo ello podemos sacar
en consecuencia que no existe en la literatura romana de la época ninguna
referencia auténtica que sostenga la existencia histórica de Jesús.

VII.

Algún tiempo después fue visitado Pablo en Filipos por dos compañeros de creencia, Silas Silvano y Timoteo, de los cuales se dice que le llevaron noticias de una iglesia fundada en Tesalónica mediante recursos facilitados generosamente por los habitantes de Filipos. Entre éstos había una mujer llamada Lidia, vendedora de púrpura, de la ciudad de Taiatira. Esta abrió su casa a Pablo y sus compañeros y los festejó en ella, (Epístola a los filipenses: 4, 6; Hechos: 16, 14-15).

Pablo, que en realidad fue el fundador de la religión cristiana, no nos dice nada acerca de la personalidad de Jesús ni nunca le había visto. Ni tampoco fue visto jamás por los en la actualidad autores anónimos de los Evangelios. Cuando Pablo, en la primera epístola a los corintios (9, 1), exclama: "¿No he visto yo a Jesucristo Nuestro Señor?", lo que tiene en la imaginación es su visión en el camino de Damasco. Y lo que popularmente se denomina el Evangelio según San Marcos, San Lucas y demás, significa solamente, a juzgar por el exacto vocablo empleado en los textos, que *katá (según)* que es el Evangelio en cuestión, se supone que fue escrito por un secuaz del discípulo y denominado o titulado según éste; pero no que había sido escrito por el discípulo en persona. Y ni una sola línea de dichos Evangelios fue escrita hasta que las actividades de Pablo habían durado muchos años.

Con toda su fogosa exaltación, este Pablo parece, por lo que podemos discernir, haber sido una persona un tanto terrible, una de aquellas naturalezas patológicas en las cuales el entusiasmo se trueca súbitamente en odio en tanto que éste se convierte también de súbito en una devoción desbordada. Por otra parte, todos los conocimientos históricos carecen de seguridad. Realmente es un vano capricho decir que la verdad de la historia depende del silencio de los muertos.

Pero esto es lo que tienen que decirnos los principios existentes. Cuando el desgraciado Esteban iba a ser lapidado a causa de su creencia en el Mesías, el primero de sus verdugos, a los cuales les estorbaban las ropas, dejó éstas a los pies de un joven fanático, Saulo, el cual, según su propio testimonio, veía aquel asesinato con satisfacción y, por este motivo, era más que gustoso en cuidar las ropas de aquellos que lo estaban perpetrando. Cegado por su pasión, creía un deber realizar algo en contra de los Nazarenos. Y este deber lo cumplió en Jerusalén, donde obtuvo la autorización del Sumo Sacerdote para encarcelar a muchos devotos. También se dice de él que daba su consentimiento cuando a alguno de ellos se le daba muerte por medio de la lapidación. Se supone que aconteció esto en el año 37. Su repentina conversión tuvo lugar el año siguiente. Después, lo mismo que antes, fue un agitador de profesión.

cancelled#

VIII.

Nació en el año 10 ó 12 en Tarso de Cilicia y su nombre fue latinizado en Pablo después que hubo llegado a ser el apóstol de los gentiles. Su familia procedía de Giscala, en Galilea, y se supone que pertenecía a la tribu de Benjamín. Su padre era ciudadano de Roma, habiendo obtenido esta condición merced a servicios prestados, o habiéndola, quizá, heredado de algún antepasado que la adquirió comprándola. Como todas las mejores familias judaicas, ésta pertenecía al partido de los fariseos. Aun después de su ruptura con esta secta, Pablo conservó su entusiasmo y energía como también su acritud en el lenguaje.

En aquella época era Tarso una ciudad floreciente; su población se componía de una mezcla de griegos y arameos. Los judíos eran numerosos como en todos los centros mercantiles. El arte literario estaba muy extendido y ninguna otra ciudad, ni aun Atenas ni Alejandría, podían ostentar una mayor riqueza en instituciones científicas. Esto no quiere decir que Saulo recibiese una educación completamente griega. Los judíos asistían raramente a escuelas de enseñanza profana. Estas escuelas enseñaban ante todo el uso de un griego puro. Si Saulo hubiese recibido enseñanza en alguna de estas escuelas, no es probable que Pablo hubiera escrito, o más bien dictado, un lenguaje tan poco griego, totalmente extraño en su construcción y tan lleno de expresiones arameas y siríacas que escasamente hubiera sido inteligible a un griego educado de aquellos días. Sin avergonzarse de la falta de lo que entonces se llamaba erudición, habla de sí mismo en la segunda epístola a los corintios (11, 6) como *idiotes to logo*, *"torpe en el lenguaje"*, y su intención es, sin duda, dar a entender cuan poco le importan tales cosas. Evidentemente pensaba en la lengua "siríaco-caldea", que también era su idioma natal, y la que empleaba con preferencia aun cuando hablaba consigo mismo u oía *v*oces extrañas que se dirigían a él.

Lo que predica, por otra parte, no tiene relación ninguna con la filosofía griega. La cita mencionada con frecuencia de la comedia perdida de Menandro *Thais, o las buenas costumbres corrompidas por las malas compañías*, se había convertido en un proverbio popular empleado por muchos que nunca habían leído a Menandro. Las otras dos citas griegas que se han descubierto se encuentran en epístolas que difícilmente pueden considerarse como auténticas. Una de ellas se encuentra en Tito (1, 12), y reza como sigue: "Uno de ellos, que es de sí profeta, dijo que los cretenses eran siempre embusteros, malas bestias y barrigudos estúpidos". Esto se atribuye a Epiménides, el cual vivió en el siglo sexto a. C, siendo tenido por los antiguos como un gran adivino. La otra, en los hechos (17, 28), reza así: "Porque nosotros en él vivimos y en él nos movemos y tenemos nuestro ser; tan cierto también como lo que han dicho nuestros poetas". Los poetas aquí aludidos son Arato de Cilicia y Cleanto de Licia. Por "él" se refieren a Zeus seguramente.

Es fácil comprobar que la mayor parte de la educación del joven Saulo provino del Talmud.[4] Se guía por palabras más bien que por pensamientos. Una simple palabra le hará proseguir una índole de reflexiones muy distanciadas de su punto de partida. En un lugar solamente de la primera Epístola a los corintios (1, 1 et seq.), se remonta a tales alturas que muy pocos de los demás pasajes pueden comparársele en fogoso entusiasmo o en fluida elocuencia. Pero también tenemos que advertir que un investigador tan sagaz como Van Manen lo considera como una interpolación posterior. Estas son las hermosas frases que conservo en la memoria: "Aunque hablo con la lengua de los hombres y de los ángeles, y no tengo caridad, soy como el bronce sonoro y vibrante como el címbalo. Y aunque poseo el don de la profecía, y conozco todos los misterios y toda la ciencia, y aunque tengo toda la fe, de suerte que podría remover las montañas, como no tengo caridad, no soy nada". Siguen a estas frases cierto número de efusiones igualmente exaltadas, reflejo de una imaginación febril, cuya semejanza no se conoció ni habrá de conocerse de nuevo durante muchos siglos.

Pero es preciso tener en cuenta el marco en que han sido colocadas estas joyas, argumentos sofísticos y absurdos como aquel del capítulo precedente, con su símil tan extenso y pesado del cuerpo, que es uno y que no obstante tiene muchos miembros, y con su aplicación a la Iglesia y apoyada con razones como estas: "Si el pie dijese: porque no soy la mano no soy del cuerpo ¿dejaría por ello de ser del cuerpo? Y si el oído dijese: porque no soy el ojo no soy el cuerpo ¿no sería igualmente del cuerpo?" Y así por el estilo, ad infinitum. O veamos lo que sigue a este exaltado panegírico de la caridad. Es un capítulo tan vago en sus razonamientos, que en la versión hecha del texto sustituye el original "hablando con la lengua" por "hablando en lenguas desconocidas", lo que denotaba la emisión de sonidos inarticulados durante un estado de éxtasis. Y así llegamos a estos pasajes: "Porque aquel que habla en una lengua desconocida no habla a los hombres, sino a Dios, porque ningún hombre le comprende; no obstante, en el espíritu habla de misterios. Aquel que habla en una lengua desconocida se edifica a sí mismo; pero el que profetiza, edifica la iglesia; etc., etc.". Todo lo cual no es nada más que una serie de frases huecas.

---

[4] Libro sagrado de los judíos que contiene la tradición, doctrina y ceremonias rabínicas.

IX.

El padre de Saulo había determinado en un principio hacerle rabí, pero luego le dio una profesión de acuerdo con las costumbres y usanza de la época. El joven se hizo constructor de tiendas de campaña, trabajando con el cuero burdo que importaban de Cilicia o construyendo casitas o chozas de ladrillo. No tenía medios de independencia y era muy cortés. Cuando no estaba irritado o exasperado por la pasión, era de modales finos y aun cordiales, pero de otro modo era irascible y dado a la rivalidad.

En su aspecto exterior parece que tenía poco de notable. Según los antiguos documentos cristianos, cuya autenticidad habría que discutir, pero cuyas descripciones no parecen del todo imaginarias, era feo, bajo de estatura, regordete y jorobado.[5] Cuando habla de su cuerpo, como en su segunda epístola a los corintios (11, 30 y 12, 5-9-10) llama la atención sobre sus enfermedades y defectos físicos, que contrastaban de modo tan notable con el vigor de su espíritu. Se pinta a sí mismo como un hombre que, a pesar de toda su superioridad intelectual, es débil y agotado sin nada en su persona que pueda impresionar a los demás y no obstante haber experimentado momentos de éxtasis durante los cuales no sabía si era o no incorpóreo. Al mismo tiempo padece alguna dolencia secreta, una "espina en la carne o en el cuerpo", enviada por Dios para preservarle de una vanidad excesiva. Esta espina consiste en "bofetadas del mensajero de Satanás" (2ª. epístola a los corintios: 12, 7). Tres veces suplicó al Señor que le alejase de él y las tres veces obtuvo esta desconsoladora respuesta: "Mi gracia es suficiente para ti". Esta espina no se refiere a ninguna tentación de la carne. Una y otra vez nos deja saber cuan frío es de temperamento. Véase particularmente la primera epístola a los corintios (7, 7), donde dice: "Porque yo quisiera que todos los hombres fuesen como yo...", es decir, libres de ser atraídos por las mujeres.

Siendo joven fue a Jerusalén y se supone que estudió a las órdenes de Gamaliel, el cual demostraba una tolerancia considerable, aunque era de carácter adusto y supuesto fariseo. Por otra parte, Saulo se convirtió en un fanático furioso, agitado y agitador y apegado con verdadero furor al pasado

---

[5] En Hechos de Pablo y Tecla (cap I, vrsclo 7) se lee: "Al fin vieron venir a un hombre de baja estatura, cabeza calva, muslos torcidos, hermosas piernas y ojos rasgados, el cual tenia una nariz corva (aguileña) llena de gracia".

nacional. Cuando la primera iglesia cristiana de Jerusalén fue asolada, comenzó a visitar otras ciudades.

En aquel tiempo, cuando la locura de Calígula había hecho vacilar la autoridad romana y, al parecer, en Damasco aparecieron grupos de gentes que creían que había llegado el Mesías. Para sofocar esté movimiento, parece que es como Saulo logró obtener licencia y facultades del que entonces era Sumo Sacerdote de los judíos, Teófilo, hijo de Hanan, para detener a estos apóstatas y llevarlos prisioneros a Jerusalén.

Por fin, al llegar a aquel paraíso terrenal formado por los jardines de Damasco, parece que se sintió disgustado de su oficio de ejecutor. Se acordó de aquellos a quienes había perseguido y contribuido a que fueran torturados. Vio una luz en el cielo que resplandecía en torno suyo y oyó una voz que hablando en su lengua natal, le aconsejaba y le reprendía. Sufrió un ataque epiléptico, pasado el cual despertó transformado y convertido.

X.

De cualquier modo, era otro hombre después de su visita a Damasco. Luego de ésta, es todo fe y esperanza. Como una columna de fuego, precede a los grupos de gentes que se unen a él. Arde con la caridad que ha ensalzado de modo tan elocuente. Lanza oleadas de fuego a través suyo, en lugar de arder en su interior como una lámpara sagrada.

Un ejemplo recogido al azar demostrará esto. En Corinto se había fundado una pequeña iglesia, pero entre sus fieles aún predominaba la sensualidad. A los creyentes en el Mesías se les dijo que la ley de Moisés ya no estaba en vigor, que todo les estaba permitido, y de este modo se entregaron a una vida inmoral. Las mujeres salían afuera sin velos. Las fiestas de amor, en las cuales tomaba parte la congregación, degeneraban en bárbaras orgías de gula. La carne sobrante de los sacrificios a los dioses griegos se vendía en la plaza pública y era comida sin escrúpulo. Hubo incluso algunos que no vacilaron en tomar parte en fiestas religiosas de los paganos. Pero la noticia más terrible que llegó a oídos de Pablo fue que un miembro de la Iglesia se había casado con su madrastra divorciada, en tanto que su padre vivía aún. Pablo perdió todo dominio de sí mismo y enfurecido no se ablandó ni ante el verdadero arrepentimiento del pecador. En la misma epístola en que se desborda en alabanzas a la caridad, anuncia un castigo milagroso (primera epístola a los corintios, 5, 3-5). Ha decidido en el nombre del Señor Jesucristo y con la potestad de nuestro Señor, entregar el pecador a Satanás para la destrucción de su carne, a fin de que su alma pueda ser salvada en el día del Señor Jesús.

Su cólera no conocía límites. Pero lo peor de todo era que esto le ridiculizaba cuando el milagro no tenía realización. Se vio menospreciado y tildado de fanfarrón. Trataba de aterrorizar por medio de cartas, pero no acudía en persona (segunda epístola a los corintios, 10, 10). De esta forma amargó su propia existencia por su constante agitación y exhortación, y por su incesante lucha contra los enemigos, tanto dentro como fuera del campo de los santificados.

Insiste siempre en tener la razón de su parte. Ama la controversia. Puede uno aventurarse sin miedo a exagerar, hasta tildarlo de querelloso. Basta para ello oírle describir su relación con Pedro (Gálatas: 2, 11 et seq.). Ninguna palabra es demasiado ofensiva para emplearla contra su rival. Le acusa a la vez de cobarde y de hipócrita. "Pero cuando Pedro vino a Antioquía le miré frente a frente, porque merecía ser vituperado. Pues antes de que viniesen unos de parte de Jacobo, había comido con los gentiles: pero cuando hubieron llegado, él se retiró y se separó, temiendo a los que eran de los circuncidados. Y los demás judíos se apartaron también con él; de suerte que Bernabé también fue llevado con esta habilidad. Pero cuando vi que no andaban con lealtad conforme a la verdad del evangelio, le dije a Pedro delante de todos ellos: "Si tú, siendo judío, vives a la manera de los gentiles y no como los judíos, ¿por qué obligas a los gentiles a vivir como los judíos?" Y a esto sigue una serie de fulminaciones casi incomprensibles.

Pero todo esto, sobre lo cual mi manera de razonar ha sido guiada por diversas asociaciones de ideas, estas luchas dentro de las más antiguas agrupaciones de creyentes mesiánicos entre aquellos que eran de descendencia judaica y los que no lo eran, todo esto y otros muchos problemas y hechos son de importancia secundaria comparados con la gran verdad que hace mucho tiempo alboreó en hombres, que se libertaron de los prejuicios académicos de teólogos profesionales: hombres como Artur Drews en Alemania, James M. Rohertson en Inglaterra, Alfred Loisy y Paul Louis Couchoud en Francia.

En su origen y en su mayor fuerza, el Cristianismo existió desde el momento en que el Mesías de los profetas, el "siervo del Señor" de Isaías, el hombre justo perseguido de los Salmos y de la Sabiduría de Salomón, se fundió en una sola figura, la del mismo Jehová convertido en un dios que muere, que resucita y que volverá a presentarse en el juicio final del mundo.

Es desde esta mirada fundamental sobre la existencia, desde esta duplicación de Jehová en un Jehová-Mesías o en un Jehová-Jesús, de donde parte el Cristianismo. Este Jesús no nació por mediación de José y de María, sino por la fe, esperanza y caridad (Couchoud).

Solamente esta especie de Jehová-Mesías se conoce en lo que lleva por título la Revelación de San Juan, que era una apocalipsis judaica, una imitación del libro de Daniel, antes de convertirse en una apocalipsis cristiana. Nada más que esto fue conocido por Pablo.

Más tarde, la curiosidad común de los pueblos y el deseo de información, como también su incapacidad para escalar semejantes alturas espirituales, se convirtió en la colección de anécdotas tradicionales; relatos místicos y mitológicos acerca del nacimiento de Jesús y de la matanza de niños por Herodes (en imitación del intento del Faraón de matar al niño Moisés, los cuales probablemente tampoco nunca existieron); leyendas acerca de la tentación de Jesús por el diablo; numerosos proverbios y elocuentes parábolas publicadas por los sabios de la época; relatos acerca de un generoso hombre del pueblo infinitamente superior; narraciones de curas milagrosas, proezas, símbolos, visiones, etc., etc., todo lo cual fue entonces cocido en conjunto en el rancho extrañamente compuesto que se denomina el Evangelio según San Marcos. Y de este Evangelio se derivaron todos los demás.

XI.

La espera mesiánica y la fe mesiánica no son los únicos orígenes del Cristianismo primitivo. Inmediato a estos hay otro distinto: la creencia que para nosotros parece tan extraña, no en las doctrinas predicadas por un joven entusiasta de Galilea, sino en su resurrección del sepulcro.

Es sumamente difícil para un hombre de nuestros días concebir el mundo de ideas paradójicas en que, hace dos mil años, hombres sin principio alguno de educación grecorromana vivían en Anatolia, en Siria, en Egipto y en todos los países situados al este del Mediterráneo. Es sorprendente el observar en la primera epístola a los corintios (15, 4-5), cómo Pablo basaba todas sus predicaciones en la convicción de que un joven que se suponía era el hijo de Dios, y por lo tanto un ser divino, invulnerable e inmortal, se había dejado enterrar después de fingir la apariencia de un cadáver, para luego resucitar de nuevo en el sepulcro al tercer día. Pablo dice: "Resucitó el tercer día conforme a las escrituras. Fue visto por Gefas, después por los doce: más tarde fue visto a un tiempo por más de quinientos hermanos... Luego fue visto por Jacobo; después por todos los apóstoles. Y por último fue también visto por mí". Más adelante añade: "Si ahora se predica que Cristo resucitó de entre los muertos, ¿cómo dicen algunos entre vosotros que no hay resurrección de entre los muertos? Mas si no hubiese resurrección de entre los muertos, entonces Cristo no ha resucitado: y si Cristo no ha resucitado, entonces nuestras predicaciones son inútiles y es también inútil vuestra fe". En otros términos, los cultos de Adonis, Atis, Osiris, etc., etc., nos llevan al punto de partida del Cristianismo primitivo, que era la creencia en la resurrección. Lo que se sustentaba en el ánimo de los adoradores de Adonis y Atis en Siria y Palestina y en los de otras creencias religiosas análogas de Anatolia y de Egipto, era que un dios joven, por la crueldad del destino estaba destinado a morir en la flor de su juventud; que era el llorado por las mujeres, enterrado en la tierra o en el Nilo, y devuelto a la vida, por cuya razón el llanto se trocaba en alegría.

XII.

Después del destierro, el mundo judío estaba saturado de ideas babilónicas. A veces parece que se perciben ecos del gran babilónico "Épica de Gilgamesh". Xisuthros navega tranquilamente a través de la tempestad sobre las aguas del Diluvio; Jesús duerme apaciblemente en la embarcación durante la tormenta. La montaña en la cual fue divinizado Xisuthros corresponde con aquella en que fue transfigurado Jesús. ¿Quién puede decir si la manada de dos mil cerdos que se zambulleron en el agua y desaparecieron después que Jesús conjuró milagrosamente a los malos espíritus, no era una especie de símbolo de la humanidad pecaminosa destruida por el Diluvio, una leyenda que vino también de Babilonia?

Con los mitos babilónicos llegaron también los iranios. Aquellos pertenecían a la religión de Zarathustra. Otro influjo poderoso derivado del culto de Mithra, el cual como el creciente Cristianismo, tenía por objeto la purificación, la redención, la resurrección y la unión con Dios como la de los hijos con su padre. El Espíritu Santo, que aparece en el Avesta, se encuentra aquí de nuevo. En Anatolia, el antiguo culto de Attis-Cibeles fue secundado en parte por el relato de misterios griegos del occidente y en parte por el culto de Mithra del oriente. La idea fundamental, también indicada en Pablo, es el dolor ante la extinción de la vida en la naturaleza y el júbilo en la restitución.

Attis muere joven. De su sangre brotan violetas. Su resurrección fue celebrada con cánticos y fiestas.

Más allá de los confines del judaísmo, como también en Pablo, la miserable condición del mundo era interpretada por la presunción (*adikia*). La mayor parte de las ideas consideradas como particularmente cristianas no tuvieron origen en esta religión, sino que surgieron de la mezcla de razas del universo mundo y fueron fomentadas por fuertes corrientes de intercomunicación.

Al cabo de algunos años, el Jesús mencionado en los Evangelios como un ser mundano de carne y hueso, se ha borrado de la imaginación de las gentes contemporáneas. Ni aun Marcos, considerado generalmente como el más antiguo de los evangelistas, tenía idea alguna de cómo era. Es incapaz de darnos una imagen suya. En el Evangelio titulado según San Marcos se le presenta, no como a un ser verdaderamente humano, sino como a un mago, forjador de milagros y que cura con sólo imponer las manos. Semejantes curas milagrosas son numerosas en todos los Evangelios; pero como los autores de estos no tenían concepto de la ciencia, la cual en su esencia es griega más bien que judaica, no se le ocurre a ninguno de ellos procurar que Jesús, tal como un Pasteur, suministre un remedio que pueda utilizarse en el tratamiento de cierto número de casos. Sus ideas de la medicina son inseparables de la sugestión y del empirismo. Tratan de impresionar al lector mediante candorosas narraciones como la del Evangelio de San Marcos (2, 4), donde se nos refiere que la aglomeración de los que querían ver a Jesús curar a un paralítico era tan grande, que el enfermo no podía ser llevado de la forma acostumbrada, por cuya razón tuvieron que levantar el techo y bajar el lecho con el paralítico.

Marcos es conciso y relativamente parco con los milagros. No pone atención en genealogías ni en nacimientos virginales y no hace relatos de la infancia de Jesús. El hecho de que Mateo y Lucas tengan mucho más que referir no depende de que hayan tenido conocimiento de fuentes históricas ignoradas por Marcos, sino de la sencilla razón de que en los datos ulteriores que adquirieron de la época que vivió Jesús éste era conocido por mayor número de gentes. Y este conocimiento alcanzó su plenitud solamente cuando la figura primitiva estaba completamente olvidada, pero con la diferencia que en aquel tiempo había llegado a ser el hijo en su relación con Dios Padre, y cuya relación tiene su prototipo en la mitología babilónica. La madre con el hijo adorados por la Iglesia Católica tiene sus correspondencias en Isis y en Ishtar. La expresión "en la plenitud del tiempo" procede de Babilonia. Jesús opuesto a los fariseos es recíproco a Buda opuesto a los brahmines. Existen reminiscencias de budismo en la historia de la tentación, como también en el fenómeno natural que aparece en la muerte de Jesús. De la India a Egipto, Alejandría era un punto intermedio por mar.

De suerte que puede afirmarse con toda exactitud, que aunque el ideal mesiánico haya sido el elemento principal para dar forma a la nueva religión, en su formación ejercieron influjo los ideales de un cierto número de otras religiones existentes en países circundantes.

XIII.

En la mayoría de los cultos asiáticos y egipcios, la madre del dios sufre una transformación que la convierte no sólo en madre, sino en la concubina de su hijo. Por el contrario, en los Evangelios, como ya hemos visto, existe en su lugar cierta hostilidad en el hijo hacia su madre: una hostilidad que es para insinuar su desligamiento de todo lazo terrenal y para señalarle como un espíritu puro. No obstante, en el transcurso de la evolución a que ha estado sujeta la Iglesia Católica, se pierde de vista por completo este falso parentesco. En todas sus representaciones artísticas, el hijo muestra devoción o reverencia hacia su madre.

Es muy digno y curioso de observar que todas las mujeres que se hallan cerca de Jesús en virtud de su admiración o adoración se llaman María como su madre, como, por ejemplo, María, la hermana de Marta, y María Magdalena. Al parecer, en Asia, la madre del dios siempre llevaba un nombre que comenzaba con las letras *ma*. Entre otras mencionadas por el orientalista P. Jensen, están María; Mariamna; Maritala, la madre de Krishna; Mariana de Mariandinio de Bitinia y Mandane, madre de Ciro, a quien los judíos consideraban el Mesías del Señor. En Isaías (45, 1), leemos lo siguiente: "Así dice el Señor a su ungido, a Ciro".

Empero, puede haber mitología en el nombre de María. Mas el hecho de que la figura de Jesús fuese tan echada en olvido que ninguno de los escritores evangelistas le hubiese visto y que aun Pablo le hubiese visto sólo en una visión, es mucho menos de extrañar que esta misma figura haya sido legendaria. No dejó tras de sí ni una sola línea escrita. Quizá no supiese escribir. Un bello pasaje en el cuarto Evangelio, reconocido generalmente como una interpolación posterior, le representa escribiendo en la arena. Es cosa muy absurda que un personaje que ha tenido a Europa intrigada durante dos mil años hubiese escrito solamente en la arena. Empero, alguno entre sus secuaces y discípulos debería haber sabido escribir. Si sus palabras eran tan amadas para ellos, ¿por qué no hicieron nunca un testimonio exacto de lo que él dijo? ¿Por qué se contentaron con poner en sus labios un conglomerado de esperpentos del Talmud y parábolas y proverbios populares? ¿Nos han dicho acaso dónde acostumbraba a vivir?

Por el contrario, nos refieren que estaba en calidad de huésped, ora en casa de un leproso y ora en la de un fariseo, y después nuevamente con María y con Marta, dos mujeres que parecen simples alegorías: una por la parte del judaísmo que se perdía en observaciones ceremoniosas y en actos ostentosos de santidad, y otra por la del cristianismo gentilicio, hacia el cual se inclina el escritor evangelista debido a su mayor recepción de las nuevas doctrinas.

Con todo, los cuentos más exquisitos referidos acerca de Jesús no han adquirido una forma determinada en la fantasía de los evangelistas. Así la leyenda de la mujer que trae un ungüento para Jesús ha tomado varias formas distintas. La misma identidad de esta mujer varía. En Marcos (14, 3), sabemos de una mujer innominada que se acerca a Jesús cuando éste estaba comiendo en casa de Simón el leproso. Lleva en la mano una caja de alabastro que contiene un ungüento de espicanardo legítimo y de mucho precio. Rompe la caja y vierte el ungüento en su cabeza, por cuya acción es objeto de una severa crítica por parte de los presentes. En Mateo, esta crítica la manifiestan los mismos discípulos. En Lucas (7, 36 et seq.), Simón el leproso se ha convertido en un fariseo, lo que demuestra que las relaciones de Jesús con los fariseos no eran tan malas como se representan en algunas ocasiones. En este punto no debemos olvidar las palabras puestas en sus labios por Mateo (23, 3): "Así que todo lo que os dijeren que guardéis, guardadlo y hacedlo". En Lucas la mujer es una "de la ciudad que había pecado". Le riega, los pies con sus lágrimas, los limpia con sus cabellos, se los besa y luego los unge con el ungüento. En Juan (12, 3) esta escena ha cambiado una vez más. Jesús está cenando con Lázaro, al cual ha resucitado de entre los muertos. Aquí es María quien unge sus pies con ungüento muy costoso y los limpia con sus cabellos. Y aquí son los discípulos nuevamente los que murmuran en favor de los pobres.

Es fácil advertir el movimiento social tan poderoso que se operó en la Cristiandad en su primer origen. Evidentemente, los elementos comunistas de aquellos lejanos días fueron empujados más y más al fondo en tanto que las comunidades cristianas lograban muchos valiosos miembros, y la eliminación quedó hecha cuando el Cristianismo se convirtió en la religión establecida del Estado.

El enojo de los discípulos ante el despilfarro del costoso ungüento llevado a Jesús por aquella mujer demuestra que en un principio se sustentaba una profunda aversión contra todo género de lujo. La mala voluntad abrigada contra los ricos queda evidenciada en las palabras que Marcos (10, 25) pone en boca de Jesús: "Es más fácil para un camello pasar por el ojo de una aguja, que a un rico entrar en el reino de Dios". Nuevamente se advierte en Marcos (10, 21), cuando Jesús dice a un joven que venda todo lo que tiene y que lo dé a los pobres. A este respecto es también significativa la parábola en Lucas (16, 19) acerca de aquel rico que fue al infierno, en tanto que el pobre, Lázaro, después de muerto fue llevado por los ángeles al seno de Abraham.

Ni puede ponerse en duda que, cuando en el Sermón de la Montaña se nos dice que "bienaventurados los pobres de espíritu, pues de ellos es el reino de los cielos", las palabras "de espíritu" deben de considerarse como una interpolación hecha en época posterior cuando las tendencias, comunistas eran miradas como una creciente amenaza.

Y mucho de lo que ha sido tenido por histórico por lectores irreflexivos no son nada más que alegorías, de suerte que hay una gran parte de astrología en otros pasajes históricos parecidos.

Por ejemplo, es significativo que el día más largo del año haya sido concedido a San Juan, en tanto que el más corto, cuando la luz empieza su vencedora lucha contra la oscuridad, haya llegado a ser el día particular de Jesús, Navidad, el día de la natividad.

La característica del aspecto astrológico de estas antiguas leyendas es el cambio continuo de la Pascua. Es sospechoso el hecho de que Pablo no hubiese señalado un día determinado que guardar a los griegos y romanos convertidos. "Y mientras la Iglesia Católica pretende saber el día exacto en que Pedro y Pablo fueron ejecutados en Roma, no está cierta del día fijo en que fue crucificado Jesús", aunque es lógico pensar que lo último es mucho más importante.

XIV.

Un medio lógico de hallar lo que es verdaderamente histórico consistiría en comenzar por ir eliminando lo que en modo alguno puede considerarse como tal y ver luego lo que quedaba. Pero sería de temer que el resultado fuese el mismo que cuando Peer Gynt[6] empezó a mondar la cebolla arrancando a la vez una cáscara. Había un "número grandísimo" de ellas y siempre esperaba que el hueso o corazón apareciese pronto. Pero al final vio con gran contrariedad que, en lo más recóndito de ella, la cebolla sólo se componía de cáscaras.

En cierta ocasión, allá por el año 90, escribió Anatole France una famosa historieta, "El Procurador de Judea", en la cual pretendía demostrar el mayor escepticismo posible representando a Pilatos como habiendo olvidado por completo la muerte de Jesús. Era aún ajeno para él el pensamiento que más tarde fue expresado por su joven amigo y médico Paul Louys Couchoud, a saber que la misma historia de Jesús no es más que una leyenda, pues no queda un simple detalle que indique el carácter histórico y real de aquella figura.

El Evangelio de San Marcos, que está en primer lugar en el Nuevo Testamento, comienza con una tabla genealógica de José, el esposo de María, absolutamente imposible. Su objeto es demostrar su descendencia del rey David. El asunto, por otra parte, carece de sentido, pues inmediatamente después se asegura, como un informe de segunda mano, que José sin duda no fue el padre de Jesús, de suerte que su ascendencia no podía tener importancia alguna. Pero el mismo árbol familiar es grotesco. Por cuanto me es dable descifrar, existe un lapso de tiempo de trescientos años entre un padre y el hijo. En Mateo, esta tabla abarca 26 generaciones. En Lucas, 41. La redacción de Mateo (1, 16), es distinta en los más antiguos manuscritos y en el Nuevo Testamento impreso, en el cual las palabras "el cual es llamado Cristo" han sido añadidas al final del versículo.

Pero como era Jesús y no José quien debiera haber descendido de David, y como, no obstante, Jesús no fue descendiente de José, de ahí que la tabla en su totalidad es un absurdo.

El capítulo siguiente nos refiere la encantadora fábula de los tres sabios o magos que más tarde fueron convertidos en tres reyes. Llegaron, según se asegura, "en los días del rey Herodes", aunque el rey Herodes murió cuatro

---

[6] Protagonista de una de las obras dramáticas de Ibsen.

años antes del comienzo de la era cristiana. Cuando Jesús nació en Bethlehem (Belén) de Judea, vinieron a Jerusalén desde Anatolia, que se traduce por "el oriente". Preguntaron: "¿Dónde está el que ha nacido rey de los judíos? porque hemos visto su estrella en el oriente y venimos a adorarle". Después sigue la pregunta de Herodes a los magos, su falsa afirmación de que él, también, desea adorar al niño, la historia de la estrella que estuvo sobre la casa de José y el ofrecimiento de los magos al niño, de oro, incienso y mirra.

Es un bonito cuento de hadas, y cualquier refutación de su veracidad histórica puede considerarse superflua o innecesaria.

El eslabón siguiente de la historia lo constituye la aparición del ángel que motivó la huida a Egipto, que tuvo lugar mientras Herodes (muerto hacía tiempo), por medio de sus verdugos, daba muerte a todos los niños que había en Belén desde la edad de dos años abajo: una matanza de inocentes que la historia, por muy buenas razones, no registra en ninguna otra parte.

Y es que en realidad representa una doble imitación de leyendas del Antiguo Testamento. Primeramente tenemos la historia del intento del Faraón de librar a Egipto de judíos (Exodo, 1, 15 et seq.), ordenando a las comadres judías que observen cuidadosamente el sexo de todo recién nacido y maten a todos los niños, mientras que a las hembras se les permita vivir. Las comadres contestan astutamente que las mujeres judías no son como las de Egipto:

"Son animosas y paren antes que vengan a ellas las comadres". Por cuya causa el Faraón ordena a sus gentes que arrojen al río a todos judíos recién nacidos, pero que dejen vivir a las niñas. Entonces la historia harto conocida hace que la hija del Faraón halle al niño Moisés en una cesta de juncos que flotaba en el Nilo. Todo lo cual es completamente desconocido por los historiadores naturales de Egipto.

El otro pasaje análogo del Antiguo Testamento utilizado para forjar la historia de la matanza de niños en Belén provino del primer libro Reyes (11, 15 et seq.), donde se nos refiere de qué modo Hadad, de la casa real de David, escapó de la matanza que tuvo lugar cuando Joab pasó seis meses degollando a todos los varones de Edom. Hadad huyó a Egipto, en donde halló gran favor de parte del Faraón. Permaneció allí hasta que supo la muerte de David, como José y María permanecieron en Egipto hasta que supieron la muerte de Herodes. La imitación es evidente.

XV.

Hacia el final del segundo capítulo de Mateo se dice que José vino y habitó en una ciudad llamada Nazaret, "para que se cumpliera lo que fue dicho por los profetas, que habría de llamarse nazareno".

Los investigadores y críticos han observado que ni en el Antiguo Testamento, ni Josefo, ni el Talmud, hacen mención alguna de una ciudad así llamada. Fuera de los Evangelios, el nombre es desconocido hasta el siglo cuarto. Por supuesto, ciertos teólogos modernos han tratado de demostrar existir una firme convicción entre los cristianos del siglo primero de que Jesús tenía su casa en Nazaret. Pero esto es sólo una conjetura basada en la suposición de que los Evangelios existían durante el siglo primero en la forma que ahora tienen. Lo más verosímil es que jamás hubo una ciudad que se llamase Nazaret. En los lejanos días del pasado año 60, Owen Meredith sostuvo que nada indicaba la existencia de semejante ciudad anterior a la era cristiana. En nuestros días, el Dr. Thomas Kelly Cheyne es citado por J. M. Robertson en su obra *La Cristiandad y la Mitología*, por haber convenido con un no menos experto tal que el profesor Julius Wellhausen, en derivar ese nombre del distrito de Genesaret, que hace que Nazaret sea idéntico a Galilea. Mediante el estudio de Epifanio, Williams B. Smith ha demostrado que, con anterioridad a la era cristiana, existió una secta judía denominada de los Nazarenos o Nazareanos. Su ortodoxia era tan extremada que no reconocían autoridad alguna posterior a la de Josué, cuyo nombre es idéntico al de Jesús. De una u otra forma, parece que se mezclaron con los cristianos, los cuales, no obstante, cambiaron el nombre de Nazareanos en Nazarenos.

De cualquier modo, parece totalmente improbable que los Nazareanos o Nazarenos, como en Hechos (24, 5), se denomina a los secuaces de Jesús, recibiesen su nombre del supuesto lugar de nacimiento de Jesús. En Mateo, para estar en lo cierto, se da al nombre esta derivación y se hace alusión a un pasaje de los Profetas para confirmarlo. Pero semejante pasaje no se ha encontrado, y si Jesús fuese de Nazaret, hubiera sido llamado Nazaretano, o algo parecido, pero no Nasoraios o Nazaraios. El término Nazaraios parece que significaba protector, denotando que los Nazareanos eran considerados como protectores, del mismo modo que el ángel Miguel o el mismo Jehová. (Véase la obra de Williams B. Smith *El Jesús Precristiano* y su artículo sobre *"La ascendencia real de Jesús"*; también el artículo del Dr. Paul Carus sobre *"El Nazareno"* en The Court de enero de 1910, y finalmente las obras del Dr. Paul Schmiedel), Tal vez la secta de los Nazareanos fue en su origen idéntica a la de los Nazaritas en el sentido de consagrados o santificados, porque se esforzaban en vivir castamente, se abstenían del vino y se dejaban crecer el pelo y la barba. Acaso la denominación se refiera simplemente al famoso pasaje en Isaías (33, 2) acerca de la vara del tronco de David, dado que la expresión para una tierna planta o vástago sea *nazar*. Todo indica que la ciudad de Nazareth tuvo su origen en una leyenda de fecha posterior.

XVI.

Ajustándose en un todo al estilo del Antiguo Testamento, el tercer capítulo de Mateo comienza de este modo: "En aquellos días (es decir, nada menos que treinta años más tarde) vino Juan el Bautista". Después se dice de él que era aquel del cual fue dicho por el profeta Isaías: "Voz de uno que clama en el desierto: Disponed el camino del Señor". Aquí, como de costumbre, el texto antiguo está traducido incorrectamente. En Isaías no se dice nada de uno que clama en el desierto. La lectura correcta de aquel pasaje (Isaías, 40, 3) debiera de ser: "Exclama uno: ¡Preparad un camino para Jehová a través del desierto!"

Este ejemplo no es el único en modo alguno. En su ansiedad por descubrir profecías confirmativas en el Antiguo Testamento, los Evangelistas cometen con frecuencia estos errores. Toda su manera de discurrir es ajena a la humanidad de estos días. Pero lo que más y de modo más particular sorprende, es su insuficiente conocimiento de escritos que para ellos representaban una extensa colección de sabiduría profética.

En Mateo, el anuncio que hace el ángel del nacimiento de Jesús a José (modelado en el anuncio del Señor a Abraham del nacimiento de Isaac y en el anuncio análogo por un ángel a la madre de Sansón) se explica como el cumplimiento de una profecía hecha por Isaías: "He aquí que la virgen concebirá y parirá un hijo". Pero este pasaje fue traducido incorrectamente en la versión griega que empleó el escritor del Evangelio. En Isaías (7, 14), no se habla de una virgen, sino de una mujer. Lo que el Evangelista tenía en la imaginación era la promesa hecha a Ahaz: "He aquí que una mujer concebirá y parirá un hijo... Pues antes de que el niño sepa rehusar el mal y elegir el bien, la tierra que tú aborreces será abandonada por sus reyes". No es de suponer que exista profecía alguna concerniente al niño en cuestión y nada se dice acerca de un nacimiento virginal.

De igual modo, el Evangelista hace que Jesús nazca en Belén con el deliberado propósito de que resulten verídicas las palabras en Miqueas (5, 2). Pero la traducción de estas palabras es completamente errónea: "Y tú, Belén, de la tierra de Judá, no eres la más pequeña entre los lugares de Judá; pues de ti saldrá un Guiador que apacentará a mi pueblo Israel". He aquí, por otra parte, las verdaderas palabras del pasaje de Miqueas: "Tú, Bethlehem Efarata, el más pequeño entre los lugares de Judá, de ti saldrá, etc.". El significado de estas palabras es que Belén era considerado como la cuna de David y de toda su descendencia.

En realidad es cosa sorprendente ver cuántos errores de esta especie se han deslizado en el Nuevo Testamento debido a la ignorancia y confusión de los escritores evangelistas. En el capítulo veintitrés de Mateo, el evangelista hace que Jesús acuse a los fariseos de hipócritas y falsos porque pagaban diezmos en menta, anís y comino, y se olvidaban de practicar la misericordia. No obstante, no se pagaban diezmos en vegetales y mucho menos en plantas que se criaban silvestres. Más adelante, y en el mismo capítulo, se hace que Jesús acuse a los fariseos de ser responsables de toda la sangre justa derramada sobre la tierra, "desde la sangre de Abel el justo (lo cual difícilmente podría ser atribuido a los fariseos) hasta la sangre de Zacarías, hijo de Barachías, al cual matasteis entre el templo y el altar". Al hacerlo así, el evangelista ha confundido a Zacarias, hijo del sacerdote Jehoada, el cual, según el libro segundo de Crónicas (24, 20 et seq.), fue lapidado por orden del rey Joash, con Zacarías, hijo de Baruch, el cual fue asesinado por los fanáticos judíos dentro del mismo Templo a causa de una supuesta traición durante el sitio de Jerusalén por los romanos. Como esto aconteció en el año 68, los pasajes del Evangelio deben ser una interpolación hecha posteriormente.

XVII.

Con el bautismo de Jesús por Juan, se hace que la historia se aventure una vez más en el falso dominio de la leyenda y del mito. El Espíritu de Dios desciende en forma de paloma, este espíritu primitivamente era hembra, una especie de madre divina, como Cibeles era la madre de Attis. Y una voz desde el cielo dice: "Este es mi hijo amado en el cual estoy bien complacido". A esta leyenda puede atribuírsele un valor o mérito más o menos emocional, pero es imposible considerarla como histórica. Luego es llevado Jesús al desierto para ser tentado por el diablo, un personaje que aparece sin ser presentado al lector. Al parecer, procede de la India, donde tentó al dios Buda; pero su entrada en la narración supone que ya es conocido por el que lee. He aquí cómo el escritor evangelista comete un error. Todo el que lea a Lucas, por ejemplo, sabe de él lo que dice Jesús en el capítulo X, vers. 18: "Yo ví a Satanás, como un rayo, que caía del cielo". Y esto no es muy informativo.

No hay duda alguna de que este diablo es singularmente estúpido. Pues mucho hace falta serlo para, sabiendo que el hombre que está delante de él es el hijo amado del Señor Omnipotente, tentar de engañarle mediante bobos y fantásticos cuentos del género más pueril. Es tan estúpido que no sabe por adelantado que va a ser objeto de un desaire. Es también muy significativo que este diablo no aparezca hasta que Jesús ha ayunado por espacio de cuarenta días y cuarenta noches, es decir, cuando tiene mucha hambre.

El número cuarenta y las palabras desierto y ayuno estaban unidas inseparablemente en los antiguos tiempos israelitas. Moisés permaneció cuarenta días y cuarenta noches en el Monte Sinaí, y durante todo ese tiempo no comió pan ni bebió agua (Exodo: 24, 18 y 34, 28). Elías pasó cuarenta días y cuarenta noches en el Horeb, el monte de Dios, y ayunó por espacio de ese tiempo (primer libro de Reyes: 19, 8).

Después de ese ayuno de cuarenta días y cuarenta noches, el diablo se marchó y vinieron los ángeles y le auxiliaron. ¡Bien se lo tenía merecido después de semejante prueba! Pero es difícil creer que estas aventuras pudiesen tener base histórica alguna. Por lo general, se observa que los escritores evangelistas no tenían interés por los hechos históricos. Muestran una total indeferencia por el orden cronológico, y cuando hacen mención de algún suceso histórico lo hacen, de ordinario, de manera imperfecta. Así se refiere en Lucas (2, 2) que todo el mundo romano iba a ser empadronado hacia la época en que nació Jesús y cuando Cirenio (Publio Sulpicio Quirinio) era gobernador de la Siria. Pero si esto fuese exacto, entonces Jesús vino al mundo siete años después de la fecha señalada al nacimiento de Cristo, lo cual parece un tanto incongruente. Además de esto, en Lucas (3, 1-2), se dice que "la palabra de Dios vino sobre Juan" cuando Lisanias era tetrarca de Abilinia. Pero este Lisanias había muerto treinta y cuatro años antes de la época en que se dice que nació Jesús.

El hecho de que su topografía sea tan pobre como su cronología, demuestra que los evangelistas no tenían un conocimiento exacto de las condiciones regionales que describen. Sus ideas geográficas háyanse limitadas a unos cuantos nombres: Galilea, Peraea, Judea, el "mar" de Galilea. Cuando el diablo se separó de Jesús, éste se fue para Galilea. Mientras que anda junto al "mar de Galilea", allí tiene efecto la proclamación de sus primeros discípulos, dos hermanos que son pescadores y que dejan su oficio repentinamente para seguirle. Este sucedido sugiere aquel del primer libro de Reyes (19, 19), donde Elías llama a Eliseo, con la única diferencia de que este último está arando con bueyes, en tanto que los otros estaban pescando. Pero igualmente que éstos, Eliseo dejó sus bueyes de repente, se fue tras de Elías, hizo el sacrificio de sus bueyes y por último sirvió a Elías.

XVIII.

En Mateo, estos dos hermanos son evidentemente los únicos discípulos. Son cuatro en total y más tarde se les añade un quinto. En Juan (1, 35-49), al bautismo de Jesús por Juan sigue el reclutamiento de otro grupo de discípulos en circunstancias sobrenaturales. Dos de éstos le ven. El les pregunta: "¿Qué buscáis ?" Su respuesta es otra pregunta: "Rabbí (Maestro), ¿dónde moras?" Se lo enseña y luego dicen: "Hemos hallado al Mesías". Inmediatamente, Jesús confiere a Simón el nombre de Cephas, que se traduce por Pedro, y todo lo demás es no menos pintoresco y maravilloso. En Juan (6, 69), Pedro declara que Jesús tiene "palabras de vida eterna", y que él, Pedro, ha reconocido a Jesús como "a Cristo, el hijo del Dios viviente". En este Evangelio, que debe de ser considerado como una trascripción muy libre y muy poética, pregunta después Jesús: "¿No he elegido yo a vosotros doce y uno de vosotros es un diablo?" Las últimas palabras se refieren, seguramente, a Judas, que iba a traicionarle.

Paulatinamente los cuatro discípulos primitivos se han convertido en doce...: un trozo evidente de mitología. En Marcos (1, 16) solamente hay dos, Simón y Andrés, que se hallan pescando con redes. De aquí el equívoco: "Haré que seáis pescadores de hombres". Por razones de simetría, tal lo parece, son añadidos en Juan (1, 18). Más adelante y en el mismo Evangelio (2, 14) se hace otra adición en forma de Leví el publicano, hijo de Alfeo, el cual en Mateo (9, 9) ha cambiado de nombre y se llama Mateo, lo mismo que el escritor del Evangelio.

Más adelante, en Mateo (12, 2), estos cuatro pescadores y un publicano son convertidos, como por una proeza mágica, en doce apóstoles. En Marcos (3, 13 et seq.) vemos claramente como el mito va tomando forma. Jesús sube a una montaña y los establece en doce, los cuales han de tener la potestad de curar enfermedades y ahuyentar demonios.

Se había sentido la necesidad de rodear al hijo de la divinidad de una corte considerable: doce apóstoles y setenta discípulos. Pero nadie en modo alguno llegó a estar enteramente seguro de los nombres. En Marcos (3, 18), Leví ha desaparecido, y su lugar es ocupado por Jacobo, hijo de Alfeo. En Lucas (5, 27), Leví el publicano aparece nuevamente. En el capítulo siguiente del mismo Evangelio, el lugar del hijo de Alfeo es ocupado por Jacobo una vez más. Entre los apóstoles hallamos aquí dos con el nombre de Judas, uno de ellos es hermano de Jacobo y el otro el futuro traidor. Por otra parte, Tadeo ha desaparecido por completo. La confusión es tan grande que se hace imposible admitir estas narraciones como documentos históricos. El origen del número doce permanece en la oscuridad. Tal vez tenga razón Robertson al creer que él descubrió un culto a Jesús precristiano organizado en forma de doce partícipes agrupados en torno a un decimotercero que se llamaba el Ungido (Cristo). Estos doce se han considerado después como "los hermanos de Nuestro Señor". En los Hechos (19, 3), se encuentran vestigios de este culto a Jesús precristiano, donde los efesios dicen a Pablo que ellos han sido bautizados "con el bautismo de Juan". Estas doctrinas les habían sido comunicadas por un judío visitante, Apolos de Alejandría, el cual era un hombre elocuente y fervoroso de espíritu, aunque "sólo conocía el bautismo de Juan," (Hechos: 18, 24).

No sólo en algunas, sino en todas las circunstancias, debe de ser evidente para cualquier hombre reflexivo que la historia de los doce apóstoles tal como se refiere en los Evangelios es un mito. La leyenda concerniente a uno de estos apóstoles ha ocasionado grandes daños. Aquella que en todo caso obtuvo crédito no dice mucho en favor del ingenio del hombre. Por espacio de cerca de dos mil años esta leyenda de Judas, como expresión del odio abrigado por un grupo de hombres hacia otro, ha dado origen a horrores no referidos. No hay exageración al decir que esta leyenda, que opone a un diablo contra la imagen de la ilustración por razón de un fundamento afectivo, ha sido causa de que cientos de miles de seres humanos fuesen atormentados y asesinados.

Según sus propias premisas, esta historia es imposible. La premisa principal es, sin duda, que un hombre de cualidades sobrenaturales, un dios o semidiós, ande de acá para allá, día tras día y públicamente, por cierta ciudad y sus alrededores. Se cuidaba tan poco de ocultar sus movimientos, que poco tiempo después que hubo entrado en aquella ciudad en pleno día ya se dice que fue acogido con entusiasmo por el pueblo, de suerte que era conocido por todo el mundo, por todas las mujeres y por todos los niños. Va de una a otra parte en compañía de sus discípulos, predicando durante el día y durmiendo al aire libre por la noche con aquellos mismos discípulos en torno suyo. No obstante, se supone que es necesario seducir o sobornar a uno de estos discípulos para que le haga traición, y por razones de un mayor efecto dramático se lleva esto a cabo por medio de un beso. ¡Imaginaos a las autoridades policíacas de Berlín en 1888 sobornando a un socialista para que descubra el paradero de Bebel! La policía podría muy bien ahorrarse el dinero utilizando la guía de la ciudad. Si se nos hubiese referido que Jesús había buscado refugio en una cueva o en un sótano, podría existir, después de todo, una especie de débil sentido de verdad en esta narración. Pero en las circunstancias referidas, aquellos que le buscaban sólo tenían que preguntar: "¿Cual de vosotros es Jesús?" Y seguramente que él no habría intentado negar su nombre por medio de un embuste.

No solamente es Judas más superfluo que añadir otra rueda a un carretón de cuatro, sino que es un absurdo, sólo explicable como manifestación del odio sentido por la Cristiandad gentilicia contra los Judíos cristianos durante el segundo siglo en que se había hecho conveniente olvidar o negar que el propio Jesús, María, José, todos los apóstoles, todos los discípulos y todos los evangelistas habían sido judíos.

XIX.

Jesús calma la tempestad y camina sobre el agua. Pero ya Moisés había domado y separado las aguas del mar (Exodo: 14, 21). Ya Josué había domado las aguas del Jordán a fin de que los que llevaban el Arca pudiesen atravesarlo a pie enjuto (Josué: 3, 13). Elías sólo tenía que azotar las aguas con su manto para que se apartasen a uno y a otro lado con el fin de que él y Elíseo pudiesen atravesar el Jordán como por terreno seco (II Reyes: 2, 8). Jesús sube al cielo, pero ya Elías había sido arrebatado al cielo en un carro de fuego tirado por caballos de fuego (II Reyes: 2, 11).

Es imposible percibir hasta qué punto los hechos atribuidos a Elías y a su discípulo Eliseo en el Antiguo Testamento han llegado a ser atribuidos a Jesús en el nuevo. En Naín resucita Jesús al hijo único de una mujer viuda (Lucas: 7, 12). Pero este milagro de Jesús ya había sido realizado por Elías (I Reyes: 17, 17 et seq.). Una viuda de Zarepta perdió a su hijo. Cuando estaba muerto, Elías lo llevó a su propio lecho, invocó al Señor y el niño volvió de nuevo a la vida. Eliseo vaticinó la milagrosa alimentación atribuida a Jesús. Con sólo veinte panes de cebada dio de comer a cien hombres y "dejaron parte de ellos". Los Evangelios tienen que sobrepujar. Jesús da de comer a cuatro mil hombres con unos cuantos peces pequeños y con siete panes y quedan de sobra siete cestas de comida (Mateo:15, 34-38; Marcos: 8, 1-8), en Juan (6,15 et seq.), este sobrepujamiento es llevado más lejos aún. Hay cinco mil hombres y solamente dos peces.

Por regla general, Elías es el prototipo, el héroe religioso de la nación. Leemos en Malaquías (4, 5): "He aquí, yo os envío a Elías el profeta antes de que venga el día del Señor grande y terrible" Esta es la razón por la cual el Evangelista (Marcos: 11, 9) hace que los escribas pregunten si Elías no debe venir antes y Jesús responde: "Elías, a la verdad, viniendo antes restituirá todas las cosas, y como está escrito del Hijo del hombre, que padezca mucho y sea tenido en nada Empero, os digo que Elías ya vino, y le hicieron todo lo que quisieron, como está escrito de él".

Allá por el principio de nuestra era, Elías vivía en la imaginación popular al lado de Moisés, y no es probable que hubiera sido en un plano inferior a Jesús. Esto se hace evidente en el capítulo decimoséptimo de Mateo y el noveno de Marcos, donde Jesús se transfiguró en la montaña, y se refiere a que su rostro resplandecía como el sol y sus ropas eran blancas como la luz. "Y he aquí que se aparecieron Moisés y Elías y hablaron con él". "Pedro dijo a Jesús construyamos tres pabellones, uno para cada uno. Luego se oyó la voz saliendo de una nube, desapareciendo las visiones y Jesús quedó solo.

Tan llenos de ideas relacionadas con Elías están los evangelistas, que hacen que en el Gólgota los soldados romanos interpreten la exclamación "Elí, Elí" puesta en boca de Jesús, por un llamamiento a Elías: una mala interpretación completamente imposible pues, sin duda, ellos no podían conocer a Elías en manera alguna (Mateo: 27, 49).

XX.

Toda la historia de la Pasión se halla tan impregnada de mitología, que el escudriñamiento de algún fundamento histórico puede considerarse como totalmente innecesario. Así, por ejemplo, existe indudablemente alguna especie de misticismo oculto en la historia de Barrabás tal como se refiere en Mateo (27, 15 et seq.). El significado de Barrabás es simplemente "el hijo del padre". La versión primitiva del nombre en la más antigua Iglesia cristiana era, no obstante, Jesús Barrabás. Parece ser evidente que Jesús y Barrabás son idénticos. El nombre de Jesús se hizo desaparecer del texto, debido a que los lectores se escandalizaban al ver aquel nombre aplicado a un preso que quizá hubiese sido un asesino. Es probable que el sacrificio ritual del hijo del padre, de un Barrabás, constituyese una característica establecida de la vida semítica. Del mismo modo, la escena en la cual los soldados se mofan de Jesús prisionero parece indicar una costumbre ritual pagana de antiguo establecida. Tal es la insinuación hecha por el abate Loisy, el gran investigador de la Biblia, francés, quien se halla inclinado escépticamente, pero no lo bastante escéptico, y el cual se inclina a creer en la entrada triunfante de Jesús en Jerusalén, lo cual no se halla apoyado por evidencia alguna, rehúsa creer que la multitud que en aquella ocasión le aclamaba llena de júbilo pudiese gritar una semana más tarde: "¡Que sea crucificado!" Filón el Judío, habla de una obra o farsa burlesca representada en Alejandría y destinada al rey Agripa, nieto de Herodes, la cual parece que representaba la supervivencia de una costumbre original judaica. Se refiere que un individuo demente llamado Karabás hacía el papel de rey con una corona de hojalata, un cetro y un manto de púrpura. Karabás es simplemente una mala pronunciación de Barrabás (véase la obra de Frazer *"The Golden Bough"*, col. IX, página 418). Así la historia de un prisionero escarnecido por los soldados romanos, incompatible en absoluto con la disciplina romana, y la historia igualmente fantástica sobre la preferencia por Barrabás del populacho judío, hubieron de armonizarse como una reminiscencia de una especie de carnaval semítico, lo cual, a su vez, llevaba reminiscencias de sacrificios humanos antiquísimos, del sacrificio del hijo primogénito por su padre, cuya antigua costumbre fue reemplazada por el sacrificio del cordero pascual (Exodo: 22, 29).

XXI.

Los escritores anónimos de los Evangelios, a los cuales en nuestros días llaman evangelistas, no lograron presentar una imagen consistente de Jesús, homogénea y claramente cincelada. Demasiadas manos se dedicaron a esta labor en distintas épocas. No obstante, la compatibilidad no se ha intentado seriamente. La presentación ofrece claramente distintas tendencias contrarias entre sí.

Para uno de estos escritores revestía importancia describir un Jesús que, en oposición al bosquejo dado del Bautista, no fuera un asceta. Toma parte en los banquetes indiferentemente. Come de buena gana con publicanos y pecadores. No rehuye a las mujeres que han pecado, sino que se dirige a ellas prudentemente y con dulzura. Se manifiesta complaciente con alegría de vivir. Cuando se agota el vino en las bodas de Canaán, convierte el agua en vino, y en un vino mucho mejor que el que habían tenido antes (Juan: 2, 1-10).

Para otro de estos escritores se muestra Jesús como un sombrío puritano. Mientras defiende la Ley de Moisés y arguye clara y reiteradamente que no es su deseo el derrocarla, se le pinta firmemente opuesto a las disposiciones humanas para el divorcio establecidas en el capítulo vigésimo cuarto del Deuteronomio.

En Marcos (10, 9) se expresa firme y terminantemente contra el divorcio: "Pues lo que Dios juntó no lo separe el hombre". En los versículos undécimo y duodécimo del mismo capítulo, sostiene que un nuevo casamiento contraído bien por un hombre divorciado o por una mujer divorciada es igual a *moichaia*, un término según el cual el adulterio debe de considerarse como una transmutación muy delicada.

Mientras que, en alguno de los Evangelios, nos sorprende Jesús por su proceder indulgente sobre la mala conducta sexual, como en su actitud hacia la mujer samaritana (Juan: 4. 7, et seq.); hacia la mujer que le trajo el ungüento (Lucas: 3, 37); hacia María Magdalena y hacia la mujer tomada en adulterio (Juan: 8, 3 et seq.), se nos representa en otros hablando con la excesiva severidad de un monje fanático que considera a la mujer como una asechanza. Sólo es una falta de precaución cuando el Evangelista, en Mateo (19, 12), ha empleado cierta astucia al poner estas palabras en boca de Jesús: "Porque hay eunucos que nacieron así del vientre de su madre; y hay eunucos que son hechos eunucos por los hombres; y hay eunucos que se hicieron a sí mismos eunucos por causa del reino de los cielos".

Es digno de observar que se encuentran en los Evangelios importantes pasajes donde Jesús predica únicamente las más puras doctrinas judaicas. Así en Marcos (12, 28-13), cuando el escriba le pregunta cuál es el primer mandamiento de todos, él contesta:

"Oye, Israel; el Señor nuestro Dios, el Señor uno es: y amarás al Señor tu Dios de todo tu corazón, y de toda tu alma, y de toda tu mente, y de todas tus fuerzas; este es el primer mandamiento".

Y el segundo es semejante, pero referido a las personas:

"Amarás a tu prójimo como a ti mismo.

No hay ningún otro mandamiento superior a estos".

En todo lo más esencial, el Jesús aquí descrito se muestra lleno de simpatía por las doctrinas tradicionales y fundamentales de los judíos.

En otros lugares, por el contrario, se le pinta como movido por el temperamento apasionadamente rebelde de un reformador o de un revolucionario. Así en Lucas (12, 49 et seq.): "He venido a poner fuego en la tierra: ¿y qué quiero, si ya está encendido? ¿Pensáis que he venido a la tierra a dar paz? No, os digo; sino más bien discordia". Y prosigue diciendo que indispondrá unos contra otros a los miembros de todas las familias.

Esto podría explicarse como el resultado de una evolución personal en rápido progreso. Empero, la mezquindad de criterio de los Evangelistas queda descubierta por el carácter de las disposiciones contra las cuales hacen que Jesús, el reformador (reaccionario), levante su voz, cuando, por ejemplo, se le representa como hostil hacia las reglas tradicionales de la limpieza. Fácilmente se echa de ver que los autores de aquellos escritos no tenían idea de los esfuerzos requeridos por los principales hombres o jefes de la época más remota, para educar y disciplinar una tribu sucia de beduinos nómadas, como los israelitas de aquellos días, en aquel aseo elemental que es la principal condición dé una civilización superior. Algo así como veneración siente todo aquel que lee con comprensión las disposiciones contenidas en el Deuteronomio (23, 12 et seq.): "También tendrás un lugar fuera del campo, y saldrás allá fuera; y tendrás un palo entre tus armas; y será que, cuando estuvieres allí fuera, cavarás con él y luego al volverte cubrirás tu excremento". Del mismo modo se prescribe que el hombre que se hubiera manchado durante la noche estará obligado a salir al campo y a no volver hasta haber tomado un baño.

Las numerosas disposiciones concernientes al aseo en la manipulación y comida de los manjares deben ser interpretadas también como parte de este adiestramiento sumamente necesario, de una porción de bárbaros en la decencia humana. El hecho de que tales disposiciones se hallen dictadas algunas veces con una carencia de conocimientos propiamente científicos, no tiene nada que ver con la cuestión. En la actualidad todos comprenden que las numerosas prescripciones para el lavado de las manos, de las fuentes, platos y ollas antes y después de cada comida, para lo cual los jefes daban una sanción religiosa a fin de que se cumpliesen, eran para el bien de todos y que cualquier oposición a este aseo exagerado era irrazonable y reaccionaria.

Leemos en el capítulo séptimo de Marcos: "Luego se juntaron a él los fariseos y algunos de los escribas que habían venido a Jerusalén. Y cuando vieron a algunos de los discípulos comer pan con manos sucias, es decir, no lavadas, los condenaron. Porque los fariseos y todos los judíos, si no se lavan las manos a menudo, no comen, conservando la tradición de los ancianos. Y cuando vienen del mercado, si no se lavan no comen. Y otras muchas cosas hay que recibieron para observarlas, como el lavado de las ropas, de las ollas, de los vasos de metal y de las mesas. Y así, cuando los fariseos y los escribas le preguntaron: "-¿Por qué no obran tus discípulos conforme a la tradición de los ancianos, sino que comen pan con manos sucias? -El les respondió diciéndoles: -Hipócritas, bien profetizó de vosotros Isaías como está escrito. Este pueblo con los labios me honra, mas su corazón está lejos de mí".

Después sigue una acusación completamente absurda a los llamados fariseos como hipócritas en todo y por todo.

La idea fundamental del Evangelista, repetida una y otra vez, no debe ser mal interpretada. Es sencillamente que todo depende de la limpieza interior y no de la exterior. Lo que un hombre coma no le hace sucio: una afirmación que es preciso demostrar. Empero, palabras obscenas que salgan de la boca de un hombre, le señalan como obsceno. En otros términos, lo importante en la vida consiste en no ser juzgado exteriormente, sino por dentro, o sea por lo que atañe al espíritu. Esto, indudablemente, es una verdad indiscutible, pero no nueva en el mundo israelita, donde los primeros profetas, Amos, Miqueas, Oseas, habían sido inspirados por ella siglos antes.

Puede presumirse que los Evangelistas vivían en la creencia de que el fin del mundo era cosa inminente. Por consiguiente, hacen que Jesús anuncie calamidades a aquellas que estaban encinta y a las que amamantaban, de la misma manera que Pablo aconsejaba a los hombres que se alejasen de sus mujeres en una época en que estaba próximo el reino de Dios.

Ya en el Génesis era considerado el trabajo como una maldición que había caído sobre el hombre a causa de su desobediencia. Jesús, el cual, según los escritores evangélicos, no trabajó nunca, sino que vivía de las dádivas de las mujeres devotas (Lucas: 8, 1-3), y que ordenaba a sus discípulos que viviesen como mendigos, nunca ensalzó la alegría y el honor que provienen del trabajo bien ejecutado. En lugar de esto decía a los que le seguían que considerasen a los pájaros o a los lirios del campo, que nadie siembra ni recoge, y no obstante son alimentados y vestidos por su padre celeste.

Los Evangelistas representan a Jesús indiferente a su familia y a su patria. Sus relaciones con su madre y con sus familiares se presentan en estado de tirantez, y se tiene por objeto el presentarle como ejemplo de sumisión a la dominación romana. Se relaciona con publícanos que sirven al imperio romano y por ello son rehuidos por los judíos. Discrepa claramente de aquellos que arguyen contra el pago de tributos al César..., y relacionado con esto realiza un milagro haciendo coger un pez en cuya boca se encuentra el tributo exigido (Mateo: 17, 27).

La moralidad que los Evangelistas hacen predicar a Jesús carece hoy día de interés histórico. Donde parece más original, como en el Sermón de la Montaña, con su mandamiento de que amemos a nuestros enemigos y devolvamos bien por mal, esa moralidad repite simplemente antiguas enseñanzas judaicas y uno de los temas favoritos de la filosofía greco-romana. Así, cuando le preguntaron a Diógenes cuál era la mejor forma de corresponder a la ofensa de un enemigo, contestó: "Obrando respecto a él con hidalguía y con nobleza". Expresiones de una tendencia semejante se encuentran en Jenofonte, Platón, Séneca, Epicteto y Cicerón. Particularmente los Cínicos se vanagloriaban de sufrir agravios sin mostrar resentimiento.

En el Levítico (19, 18) hallamos el mismo principio en forma limitada: "No te vengarás ni guardarás rencor a los hijos de tu pueblo".

La proclamación de los discípulos es seguida en Mateo por el Sermón de la Montaña, del cual nada sabe Marcos ni hace referencia alguna a ella. Y es que se trata simplemente de una recopilación que nunca fue pronunciada en la forma que se nos refiere. Cuando Mateo y Lucas hacen decir a Jesús: "A cualquiera que te golpeare en la mejilla derecha, vuélvele también la otra", no hay nada nuevo en ello. Pues este, sin duda el más extremado de todos los mandamientos, se encuentran en el Didaché *(Didaké)* y es más antiguo por tanto, que cualquiera de los Evangelios.

Por otra parte, no existe contradicción alguna entre la antigua moralidad judaica y la del Sermón de la Montaña. Esto fue indicado allá en el año 1868 por Rodríguez en *Les origines du sermón de la Montagne*; más tarde por Robertson en su obra *Christianity and Mithology*, y por Schreiber en la suya *Die Principien des Judentums* (1877). Pasajes paralelos con comparaciones en el Talmud y en el Antiguo Testamento, son numerosos. Las bienaventuranzas deben compararse con los Salmos (96, 6 y 24, 3); con Isaías (66, 13 y 57, 15);

con los Proverbios (29, 23 y 21, 21); con el Eclesiastés (3, 17), y con alguno
más. El énfasis sobre la intención opuesta a la acción que, en el Sermón de la
Montaña, halla su expresión en el testimonio de que "cualquiera que mirare a
una mujer para codiciarla, etc.", no es nada más que una paráfrasis de
conceptos semejantes del Talmud: "Cualquiera que mire al dedo meñique de
una mujer ya adulteró con ella en su corazón". (Bereshith, 24 y 24).
Corresponde a cierta índole de razonamientos existentes también en el
derecho romano donde la simple intención de seducir, robar, etc., constituía
causa para el castigo.

XXII.

Se ha vertido nueva luz no sólo sobre los orígenes del Sermón de la Montaña, sino también sobre la razón de fijar en doce el número de los apóstoles, desde que, en 1873, Philoteo Briennio, arzobispo de Nicomedia, descubrió algunos antiguos manuscritos en una biblioteca perteneciente al Monasterio de Jerusalén del más Santo Sepulcro, en el barrio griego de Constantinopla. Entre ellos estaba el famoso *Didaché* o "Enseñanza de los Doce Apóstoles". Nadie ha puesto en duda la autenticidad de este manuscrito. Que tal documento existía dentro de la antigua iglesia se sabía en virtud de los escritos de Eusebio y Atanasio. Empero existían también buenas razones por las cuales la iglesia no quiso durante largo tiempo que el Didaché saliese a la luz pública. En su origen es claramente un documento puramente judaico. Parece haber sido una especie de edicto público dirigido por el Gran Sacerdote a los judíos dispersados por todo el Imperio Romano. En los primeros seis capítulos, que son los más importantes, no se hace alusión a la Cristiandad ni se menciona el nombre de Jesús en un solo lugar. Las partes principales de este pequeño documento han sido objeto de la manipulación eclesiástica.

Lo esencial es que con él hemos llegado evidentemente al origen más inmediato de lo que posteriormente, en los Evangelios, se ha convertido en el Sermón de la Montaña, y ello demuestra también una próxima afinidad con los capítulos cuarto y quinto del Eclesiastés. Los primeros pasajes servirán de muestra:

"Existen dos caminos, de vida y de muerte, y grande es la diferencia entre estos dos caminos. He aquí el camino de la vida: Ante todo amarás al Dios que te creó, y en segundo lugar, a tu prójimo como a ti mismo, y lo que no quieras que los otros hagan contigo, no lo hagas tú con los otros. La sabiduría que sacarás de esto hela aquí: ¡Bendice a los que te maldigan! Implorarás por tus enemigos y ayunarás por amor a los que te persiguen; por lo cual puedes esperar la recompensa de amar a los que te aman. ¿No hacen los extraños tanto como eso? Empero, ama a los que te aborrecen y no tendrás enemigos. Aléjate de la lascivia, de la carne y del mundo. Si, alguno te hiriese en la mejilla derecha, vuélvele también la otra y serás perfecto. Si alguno te obligase a andar una milla, anda con él dos; si alguno te quitase la capa, dale también tu ropa. Si alguno te quitase lo que es tuyo, no se lo exijas, porque no está eso en tu poder (probablemente porque los judíos en el extranjero carecían de derechos). A cualquiera que te pida algo, dáselo, y no pidas que te lo devuelva; pues el Padre quiere que a todos les sea dado de sus libres dádivas (?). Bienaventurado es el que da conforme al mandamiento, pues no tendrá delito. ¡Ay del que recibiese! Quienquiera que se halle en necesidad y reciba, no cometerá delito, pero el que no se halle en necesidad, dará cuenta de por qué recibió, y para qué objeto, y cuando llegue al juicio, será oído en cuanto a lo que hizo, y no quedará libre hasta que haya pagado el último denario. Y concerniente a esto, también se ha dicho: Que tus limosnas te quemen las manos hasta que sepas a quién las habrías de dar".

En la actualidad se ha reconocido generalmente que la Oración del Señor no es un producto del Nuevo Testamento, sino que es una recopilación formada de modelos y normas sacadas del Antiguo Testamento judío.

XXIII.

Puede decirse, por regla general, que la moralidad greco-romana se hallaba muy por encima de la que los Evangelios pusieron en boca de Jesús. La idea fundamental de la moralidad pagana, de que una buena acción es su propia recompensa, no se encontró nunca en ninguno de los Evangelistas. La moralidad de los Evangelios se compone de recompensas. El hecho de que hayan creado el Jesús que ellos describen impresionando a sus fieles, es que ellos eran incapaces de realizar sus buenas acciones en la tierra de tal modo que renunciasen a la recompensa celeste, la cual es de mucho más valor que la que pudiesen alcanzar aquí (Mateo: 6, 1-6; Lucas: 14, 12-14). Esta idea de recompensa es una conclusión anterior a los Evangelistas. Cualquier prescripción moral debe ser acompañada, sin duda, de una promesa de premio o de castigo. Hacen que Pedro pregunte a Jesús lo que obtendrán los discípulos por haber dejado todo para seguirle. Jesús no ve en esto nada de particular ni de vituperable, sino que contesta que, cuando el Hijo del hombre se siente en el trono de su gloria, entonces se sentarán ellos en doce tronos, juzgando a las doce tribus de Israel..., recompensa, por cierto, no muy tentadora conforme vemos las cosas del presente.

Y del mismo modo que la moralidad del Evangelio no se halla a nivel con las ideas éticas más intensamente desarrolladas de una época posterior, tampoco la inteligencia desplegada en estos fragmentos de lenguaje reproducidos más o menos casualmente puede ser considerada como del orden superior. De nuevo encontramos precedentes en los libros sagrados judíos.

Para los puntos de partida parece que fueron tomadas las palabras de Isaías (6, 9): "Oíd bien, mas no entendáis", y (28, 12): "Empero no quieren oír". Parece que estas palabras fueron causa de que los Evangelistas hiciesen a Jesús hablar en parábolas. El origen de la mayoría de estas parábolas es fácil de descubrir. Así, la parábola del sembrador es una alegoría de fecha mucho más antigua, por medio de la cual la secta gnóstica de los naasenos trataba de ilustrar la siembra por Dios de la semilla que brota del *Logos*, por el cual fue creado el mundo.

La parábola del mercader que vendió todo lo que poseía para comprar una simple perla se encuentra en el Talmud y se puede descubrir en los Proverbios (8, 11), donde se dice que "es mejor la sabiduría que las piedras preciosas". Algunas parábolas fueron tomadas directamente del *Mishnah* del

Talmud, que fue terminado doscientos años antes de nuestra era, y generalmente sufrieron serias alteraciones al ser reproducidas.

Allí se encuentra, por ejemplo, la historia del rey que invitó a sus criados a una fiesta sin indicar la hora. Algunos fueron para su casa, se pusieron las mejores ropas y volvieron para esperar a la puerta del palacio. Otros dijeron que no habría prisa, pues seguramente que el rey más tarde les haría saber la hora. Pero el rey los llamó repentinamente, y aquellos que estaban ataviados con sus mejores prendas fueron bien recibidos, en tanto que los que se presentaron con sus ropas de diario fueron despedidos. La moraleja es esta: Prepárate hoy, pues mañana quizá sea demasiado tarde.

La parábola es mediocre en su mejor parte; sin embargo, es mucho más instructiva que la correspondiente en el Nuevo Testamento acerca de las vírgenes prudentes y de las necias. Pues lo que los Evangelistas hacen a Jesús deducir de ella es no solo despreciable, sino absurdo.

El rey invita a cierto número de convidados a un banquete de bodas (Mateo: 22, 1-4). Bajo diversos pretextos éstos manifiestan que no pueden asistir. Lo que es aún peor y absolutamentre irrazonable, hacen mofa de los criados del rey y los matan. Esto enfurece al rey hasta tal punto, lo que parece igualmente fantástico, que envía a sus soldados para dar muerte a los asesinos y poner fuego a su ciudad. Después el rey ordena a sus servidores que salgan por los caminos e inviten a todo el que encuentren, tanto a los buenos como a los malos.

El palacio se llena rápidamente y el rey examina a sus convidados. Entre ellos encuentra a "un hombre que no traía vestido de boda", lo cual, en aquellas circunstancias, difícilmente podía extrañarle y que realmente no podía ser considerado como motivo para enojarse. No obstante, dice a sus criados: "Atadle de pies y manos, llevadle y arrojadle a las tinieblas de afuera: allí será el llorar y el crujir de dientes".

Este rey es un anormal al creer o esperar que las gentes que habían sido llevadas de la calle sin el menor aviso iban a presentarse en traje de fiesta o exponerse a una condenación eterna.

Debería saber que los pobres, a los cuales iba dirigida particularmente su invitación, no poseen en modo alguno semejantes trajes.

XXIV.

No menos singulares, como indicó Bengt Lidforss[7], son aquellas parábolas en las que el Jesús de los escritores evangélicos estimula a los fieles a venerar a Dios incesantemente por medio de oraciones. Esto es siempre eficaz, pues se muestra tan cansado de este continuo plañir, que se halla propicio a conceder alguna cosa. Sobre esto también el mundo pagano sustentaba ideas más avanzadas. Luciano[8] se chanceaba de los pedigüeños y de las oraciones en alta voz. Decía: "¡Cuan útil es, después de todo, vociferar, ser persistentes y no sentirse afectado por los desaires! Es útil no sólo para defender un pleito, sino también para pedir. Acordaos de Timón[9], que era muy pobre, pero que llegó a ser opulento simplemente porque aulló cuanto pudo y obligó a Zeus a prestarle atención".

En Lucas (11, 5-9), hay un hombre que despierta a un amigo suyo a medianoche y le pide tres panes, pues ha recibido una visita en semejante hora y no tiene nada que ofrecerle. Al principio el amigo le responde que la puerta está cerrada y que está en la cama con sus niños. No quiere tomarse la molestia de levantarse otra vez por cosa de tan poca monta. Pero el importunador insiste en su petición: "Os digo que, aunque no se levante a dárselo, pese a la amistad que los une y por ello, sin embargo causa de su importunidad, habrá de levantarse y le dará, cuanto le sea necesario.... Pedid, y se os dará.... Llamad, y os será abierto".

Una variedad de la misma idea burlesca se halla en Lucas (18, 2-7): "Había en una ciudad un juez que no temía a Dios, ni respetaba a los hombres: y había una viuda en aquella ciudad; y ella vino a él y le dijo: Véngame de mi adversario. Y él no quiso por algún tiempo; mas después él dijo para sus adentros: Aunque ni temo a Dios ni respeto a los hombres, no obstante, porque esta viuda me molesta, le haré justicia, a fin de que no venga tantas veces y me aburra. Y dijo el Señor: Oíd lo que dijo el juez injusto. ¿Y Dios no hará justicia a sus escogidos, que claman a El, día y noche, aunque sea longánime acerca de ellos?" La cuestión es implorar todo el tiempo y no desmayar, entonces Dios se cansa al fin y atiende al implorante.

---

[7] Crítico literario y biólogo sueco profesor de la universidad de Lund.
[8] Gran satírico griego de tiempos del emperador romano Cómodo (120-200).
[9] Filósofo ateniense famoso por su odio a los hombres, por lo que se le llamó el Misántropo.

Podrían citarse numerosos ejemplos parábolas no menos curiosas. He aquí una de defectuosa construcción, aunque su objeto por sí mismo no choca con el sentido común. En la parábola del buen pastor (Juan, 10, 1-6), se nos habla de la puerta que conduce al redil y del que entra por dicha puerta en lugar de subir por otro sitio, como hacen los ladrones y los malhechores. El que entra por la puerta es el pastor, y el pastor es Jesús. Pero un poco después, cuando los discípulos no aciertan a comprender el significado, Jesús descompone en partes toda la parábola y les dice: "Yo soy la puerta de las ovejas". En el versículo 9 repite: "Yo soy la puerta". Pero en el versículo 11, el Evangelista se ha olvidado de todo y de nuevo dice Jesús: "Yo soy el buen pastor".

He aquí otra parábola que está en franca oposición con las buenas ideas de la honradez y del deber. Es la parábola de las diez minas, en Lucas (19, 12-26). El hecho de que su composición sea confusa, debido a la mezcla de dos hechos mutuos no referidos, puede dejarse a un lado. Uno de dos criados, al cual se le dio una mina para que negociase con ella, hállase tan amedrentado por la cólera de su severo dueño, que no se atreve a arriesgarla con el fin de hacerla producir interés. En vez de esto la guarda en un pañizuelo y la devuelve conforme la recibió. Entonces su amo exclama coléricamente: "¿Por qué, pues, no diste mi dinero al banquero, para que yo al volver pudiera haberlo reclamado con el logro?". Por tanto, le quita la mina y se la da al que había ganado diez minas. Finalmente, como era un caballero impetuoso, ordena que todos aquellos que no querían que reinase sobre ellos sean degollados a su vista.

XXV.

Esto trae a la memoria otros rasgos inhumanos atribuidos a veces al mismo Jesús por los escritores evangelistas: su solemne predicación de los tormentos eternos para los impíos, por ejemplo, y la aspereza que algunas veces demuestra sin razón evidente aun contra su propia madre. Fue esta la modalidad que más tarde se manifestó en la bárbara intolerancia de la Iglesia, y que, en tiempos remotos, halló su expresión más repugnante en el asesinato de Hipatía, matemática y filósofa griega neoplatónica de gran talento y hermosura. A los cuarenta y cinco años, en el 415, fue cruel y vergonzosamente asesinada en una iglesia, a la que fue arrastrada desnuda por una turba de monjes fanáticos instigados por el Patriarca cristiano de Alejandría. Los Evangelistas no previeron que semejantes rasgos contribuían a que la figura de Jesús pintada por ellos se ofreciese incongruente o contradictoria. En un momento hacen decir al Redentor: "No juzgaréis". En otra ocasión éste se muestra totalmente propicio a consentir que se juzgue. En ciertas ocasiones todo es dulzura, consideración, y se muestra lleno de indulgencia y de ternura. Y después se hace más inclemente que ningún otro. Este caso de propia contradicción se observa en extremo en algunas ocasiones. En Lucas (22, 36), dice a sus discípulos: "El que no tenga espada, que venda sus vestidos y se compre una". Y ellos compran dos espadas. Y cuando Pedro corta la oreja derecha del criado del Sumo Sacerdote, que es uno de los que vienen a prender a Jesús, éste toca la oreja del siervo y la cura. En Mateo (26, 52), condena el uso de la espada: "Porque todos los que tomaren espada, a espada perecerán". Y se puede recordar lo que dijo en el Sermón de la Montaña: "A cualquiera que te hiriese en la mejilla derecha, vuélvele también la otra".

En un solo lugar del Nuevo Testamento, Epístola de Santiago (5, 11), se recomienda el ejemplo de Job a los primitivos cristianos. Esto es como debiera ser, pues evidentemente la figura de Job ha sido una de las utilizadas para sustentar el concepto de un redentor doliente y luego victorioso. Las analogías no son escasas. Se ha afirmado, por supuesto, que Job no era israelita, sino que pertenecía a los Beni Kedem, o Hijos del Oriente, que más tarde fueron conocidos como los sarracenos y como tales combatieron en las cruzadas a las órdenes de Saladino. Pertenecía a la familia real de Edom, y el pueblo de Teman era famoso por sus sabios, a los cuales se hacen en la Biblia frecuentes alusiones.

Todo esto no establece diferencia ninguna, sin embargo, y se halla de manifiesto en el Libro de Job, excepción hecha de la ausencia del nombre de Jehová en el diálogo. Este aparece en el arreglo de la obra, que evidentemente es de fecha posterior. Se supone que tanto Job como Jesús son de origen noble. Ambos son tentados por Satanás, y ambos permanecen firmes en su resistencia. Los dos se exponen al sufrimiento y al escarnio. Los dos son amenazados de muerte. Ambos llegan al fin a las regiones del más elevado honor. Ambos son del tipo redentor. Las semejanzas quedan señaladas con más particularidad cuando leemos las expresiones de Job en el capítulo 29, versículos 12 a 17: "Yo libraba al pobre que gritaba, y al huérfano que no tenía quien le socorriese. La bendición del que iba a perecer venía sobre mí; e hice que el corazón de la viuda cantase de alegría. Vestíame de justicia... Yo era ojos para el ciego y pies para el cojo. Era padre para los menesterosos: y de la causa que no entendía me informaba con diligencia. Y rompía los colmillos del malvado, y arrancaba la presa de sus dientes".

XXVI.

Con el fin de ocultar la firmeza con que el ideal de Jesús del Nuevo Testamento estaba arraigado en el Antiguo, la Cristiandad ortodoxa de los tiempos modernos se ha esforzado en establecer un vivo contraste entre la afinidad del antiguo judaísmo con Jehová como el Señor y la afinidad de Jesús con él como padre. Pero el antiguo Testamento también considera a Dios como un padre amoroso. Isaías exclama (63, 16 y 64, 8): "Sin duda eras nuestro padre... Empero tú, oh, Señor, eres nuestro padre". Pueden encontrarse más de veinte ejemplos del mismo género.

En su mayor parte, la contradicción establecida entre las doctrinas de Jesús y las más antiguas de la Torah (La Ley escrita) y las de los rabinos es totalmente falsa. No obstante, la más sorprendente o peregrina de las cosas puestas en boca de Jesús por los Evangelistas había sido dicha antes de su época. En el Deuteronomio (33, 9): "El que dijo a su padre y a su madre: no le he visto; ni conocía a sus hermanos ni conocía a sus hijos; pues ellos han guardado tus palabras y observado tu pacto". Y en Mateo (19, 29) hallamos esto: "Y todo aquel que haya dejado casas, o hermanos, o hermanas, o padre, o madre, o mujer, o hijos, o tierras, por mi nombre, recibirá cien veces tanto y heredará la vida eterna".

En el Talmud, bajo el epígrafe *Baba mesi a* (la puerta del medio) se dice: "¿Eres tú de Pombeditha (en Babilonia), donde pueden pasar a un elefante por el ojo de una aguja?" Y en Mateo (19, 24) se ponen en boca de Jesús estas palabras: "Y os digo de nuevo: es más fácil para un camello pasar por el ojo de una aguja que para un rico entrar en el reino de Dios". A juzgar por la última parte de su expresión, que primitivamente fue dicha en tono de broma, adquiere un carácter ebionita que antes no tenía, y el cual, no obstante, designa la tendencia comunista del escritor evangélico.

Por regla general, Jesús habla completamente inspirado en el Antiguo Testamento. "Conforme a su costumbre, fue el día del sábado a la sinagoga, y se levantó a leer. Y fuele dado el libro del profeta Isaías; y cuando hubo abierto el libro, halló el lugar donde estaba escrito: El Espíritu del Señor es sobre mí, por cuanto me ha ungido para predicar el evangelio a los pobres; me ha enviado para sanar a los quebrantados de corazón, para pregonar la libertad a los cautivos, y restablecer la vista a los ciegos; para poner en libertad a los quebrantados, para predicar el año agradable del Señor. Y cerrando el libro, lo dio otra vez al ministro, y sentose". (Lucas, 4, 16-20, e Isaías, 61, 1-2).

Se refiere en el Talmud que un gentil vino a Hillel y le dijo: "Me convertiré, pero sólo a condición de que me enseñes toda la Ley mientras me sostengo sobre una pierna". A lo cual replicó Hillel: "Lo que es odioso para ti, no lo hagas a tu prójimo. Esta es toda la ley y lo demás es su comentario. ¡Vete y estúdialo!"

Particularmente los escritores evangelistas demuestran su falta de cohesión haciendo que Jesús hable invariablemente cual si el espíritu del Antiguo Testamento le fuese completamente familiar, en tanto que al mismo tiempo le dejan referirse incorrectamente a los diversos libros de la Biblia. Así, Mateo (5, 43) pone en su boca estas palabras: "Oísteis que fue dicho: Amarás a tu prójimo y aborrecerás a tu enemigo. Mas yo os digo: Amad a vuestros enemigos, etc.".

Si estas fuesen realmente las palabras de Jesús, habría demostrado una gran ignorancia de la Ley. En Levítico (19, 18), donde se prescribe el amor a nuestro prójimo, también se prohíbe el odio a los indígenas y a los extraños, y en el capítulo XIX, versículo 34, se dice aun que se debe amar al extraño como a uno mismo. En el Exodo (23, 4-5) se ordena de manera expresiva el amor a los enemigos: "Si encontrares extraviados al buey o al asno de tu enemigo, deberás volver a llevárselos sin falta. Si vieres al asno del que te aborrece caído debajo de su carga, y pensaras en abstenerte de ayudarle, deberás sin falta ayudarle a levantarlo".

Ciertamente, los más antiguos manuscritos de los Evangelios carecen, no obstante, de las palabras puestas más tarde en boca de Jesús: "Bendecid a los que os maldicen, haced bien a los que os aborrecen". Y en el Talmud, Sanhedrín (fol. 48), se dice: "Es preferible sufrir injusticias que cometerlas. Y en el mismo libro - *"Baba mesi a"* (fol. 93) se dice también: "Procura estar más bien entre los que son perseguidos que entre los perseguidores".

XXVII.

La descripción que se nos hace del menosprecio sentido por Jesús hacia los fariseos y de sus continuas impugnaciones contra ellos, no puede en modo alguno ser histórica; más bien parece la expresión de un antisemitismo desarrollado mucho más tarde, pues lo que él dice concuerda invariablemente con sus doctrinas.

Cuando en Mateo (5, 17) dice que no ha venido a destruir la Ley, sino a observarla, esto es una expresión genuinamente farisea. En el Talmud se dice: "Ni una letra de la Ley será abolida".

Suele hacerse creer que los fariseos censuraban a Jesús porque sus discípulos sanaron a un enfermo el sábado. Empero, los rabinos sostenían unánimemente que la santidad del sábado podía no respetarse cuando una vida humana se hallaba en peligro. En el Talmud, bajo el epígrafe de Yoma (fol. 85, 6), se dice de modo terminante. "El sábado te ha sido dado a ti y no tú, al sábado".

Curar haciendo que el paciente extienda la mano, como se dice que hacía Jesús (Marcos, 3, 5), no estaba prohibido en modo alguno por los rabinos, y se trata de una simple propaganda cuando, como en Lucas (6, 11), se nos refiere que "ellos se llenaron de rabia" por tal motivo. Semejante explosión de furor por parte de ellos carece de posibilidad histórica.

Queda uno sorprendido, como ya he indicado, de la forma severa en que Jesús, en Mateo (5, 32), se expresa contra un divorcio en el entendido de existir mutuo acuerdo. Mas en este punto se hallaba de completa conformidad con los fariseos, contra los cuales se le supone en constante, contradicción. Simplemente se pone del lado de la doctrina más intolerante predicada por Gamaliel, y en contra de la actitud más indulgente de la escuela de Hillel.

Ni aun el hecho sostenido de que Jesús había sido proclamado el Mesías habría vuelto a los fariseos en contra suya. No sólo se hizo alusión en general a los hijos de Israel como hijos del Señor, sino que sin un excesivo miramiento debieron hablar a veces los sacerdotes y los rabinos de un hombre como el Mesías.

Sólo hay que recordar el caso de Zerubabel o la afinidad del rabino
Aquiba con Bar-Cochab[10]. Pero bastarán estos ejemplos. Nuestros pies
nunca pisan en estas cuestiones terreno verdaderamente histórico.

---

[10] Zerubabel, judío nacido en Babilonia, fue quien con más ahínco trabajó
para restaurar el servicio del Templo a la vuelta del destierro. Bar-Cochab
dirigió la rebelión judía contra los romanos y fue reconocido por el famoso
rabino Aquiba como el Mesías. Su nombre significa "hijo de una estrella".
Como la rebelión acabó fatalmente, los rabinos afirmaron después que su
verdadero nombre era Bar-Cariba, que significa "hijo del engaño".

XXVIII.

El Apocalipsis o la denominada Revelación de San Juan, que cierra el Nuevo Testamento, parece haber sido escrito con anterioridad a cualquiera de los demás libros y, en ciertos respectos, puede ser considerado como el fundamento o base sobre la cual descansa toda la estructura evangélica. Sobre lo que nada se puede aventurar es acerca de la identidad del Juan que aparece como autor de este documento. Empero, es muy cierto que no tiene nada que ver con el autor del cuarto Evangelio.

Se nos refiere que la obra fue escrita en Patmos, una pequeña isla en forma de media luna, de una longitud de diez millas (inglesas) escasas y situadas no lejos de la antigua ciudad de Efeso. En aquellos tiempos, su magnífico puerto daba a esta isla una situación de no pequeña importancia. Era el punto de escala para los viajeros que iban de Efeso a Roma, o viceversa. Durante la época griega floreció en sumo grado y se hallaba muy poblada. En la romana fue un puerto del cual zarpaban navíos diariamente. Como las demás isletas griegas de aquellas proximidades, actualmente es estéril, pero no obstante aún resulta hermosa y sumamente atractiva, con sus rocas rojizas emergiendo del mar azul bajo un sol esplendente. Un griego de la época clásica podría haber escrito un idilio amoroso en aquella isla. En el mismo lugar, un antiguo judío escribió un libro con el fin de atemorizar al pueblo mediante sus extravagantes profecías, acusaciones y condenaciones, como también por su grotesca y bárbara fantasía. Todo él está escrito, en ese estilo insoportable al cual había declinado paulatinamente la forma austera de lenguaje de los antiguos profetas judíos, una especie de lenguaje rosacruciano que reapareció mil años después en la poesía de los bardos islandeses con sus torcidas circunlocuciones.

El estilo profético empezó a degenerar en tiempos de Ezequiel. Escribió en el destierro, entre los años 574 y 572 a. de J. C., y fue él quien introdujo el estilo visionario a fin de producir un mayor efecto. "Y miré, y he aquí un viento tempestuoso que venía del aquilón, una gran nube, con un fuego envolvente, y en torno suyo un resplandor, y en medio del fuego una cosa que tenía el color del ámbar. Y en el centro de ella se veía la figura de cuatro seres vivientes. Y he aquí su aspecto: tenían la semejanza de hombres. Y cada uno tenía cuatro rostros y cuatro alas. Y sus pies eran derechos; y la planta de sus pies era como la planta del pie de un becerro: y resplandecían a semejanza del bronce muy bruñido... En cuanto a la apariencia de sus rostros, los cuatro tenían rostros de hombre, y el rostro de león en la parte derecha: y en la izquierda los cuatro tenían rostro de buey; asimismo, tenían los cuatro rostro de águila". Luego prosigue de manera interminable acerca de estos grotescos monstruos zoológicos que quizá hayan sido inspirados por los toros alados y otras fabulosas criaturas vistas por Ezequiel en los templos durante su destierro en Babilonia. Es impetuoso y pintoresco, pero no conmueve el corazón como hacían los profetas más antiguos.

Zacarías, que vivió mucho más tarde, y escribió hacia el 51 a. de J. C., es aún más oscuro que Ezequiel. Como éste último, llena sus escritos de alegorías y de visiones. "Después alcé mis ojos, y miré, y he aquí cuatro cuernos. Y dije al ángel que hablaba conmigo: ¿Qué son éstos? Y respondiome: Estos son los cuernos que asolaron a Judá, a Israel y a Jerusalén. Mostrome luego el Señor cuatro becerros. Y yo dije: ¿Qué vienen a hacer éstos? Y respondiome: Estos son los cuernos que asolaron a Judá, tanto que ninguno levantó su cabeza, mas éstos han venido para atemorizarlos, para arrojar los cuernos de los gentiles que alzaron su cuerpo sobre la tierra de Judá para asolarla". Este no es un estilo diáfano, instructivo o convincente. Es un estilo de enigmas, de logogrifos y además es empleado por Zacarías sin destreza ni gracia.

XXIX.

Este género de estilo halló su expresión clásica mucho más tarde, en el titulado Libro de Daniel. Fue escrito probablemente hacia el año 165 a. de J. C., y no sólo es el prototipo directo del Apocalipsis, sino la obra en la cual podemos ver la figura mesiánica venidera surgir del modo de pensar que caracterizaba al antiguo judaísmo.

El Libro de Daniel hace creer que el tiempo en que los profetas acostumbraban a proclamar sus visiones al aire libre había pasado hacía mucho. Está escrito para ser leído, y por lectores que tengan el tiempo necesario para meditar sobre él. Su estilo semeja un jeroglífico. Y en la más antigua de todas las filosofías de la historia que se contiene en la parte final de la obra, nos encontramos con todos los espantables ingredientes utilizados para la composición de la Revelación de San Juan. Allí hallamos el cuerno que habla, el cuerno que tiene ojos. Allí hallamos la antítesis esencial del sentido o acepción helénica de la forma, expresada por medio del cuerpo humano, una falta de ejecución plástica, ofensiva en absoluto para una imaginación que deriva su mayor placer en una obra de arte fuera de la destreza empleada en darle forma. En lugar de esto nos encontramos con el misticismo, y todas las figuras halladas en la naturaleza están fundidas en la misma especie de caos desconcertante que más tarde reaparece en el Apocalipsis.

Daniel vio cuatro grandes bestias salir del mar. La primera se asemejaba a un león, pero tenía alas de águila. La estuvo mirando hasta que le fueron arrancadas las alas, y fue levantada de la tierra, y se puso enhiesta sobre los pies como un hombre, y le fue dado corazón de hombre. Después vio una segunda bestia, semejante a un oso, y que tenía tres costillas entre los dientes. Y alguien le dijo: "Devora mucha carne". Después de esto vio una tercera bestia, un leopardo, que tenía cuatro alas en el lomo y otras cuatro alas en la cabeza. Finalmente vio otra bestia, espantosa y terrible, que tenía grandes pies de hierro, y que devoraba y despedazaba las sobras y las hollaba con los pies. Esta bestia tenía diez cuernos. Después apareció otro cuerno pequeño, y tres de los primeros fueron arrancados de raíz para dejarle lugar, y en este cuerno aparecieron unos ojos semejantes a ojos de hombre, y una boca que hablaba grandes cosas.

La relación prosigue más y más en este estilo, despertando el entusiasmo y la aprobación de su tiempo hasta tal punto, que 235 años más tarde descubrimos que el Apocalipsis continúa donde cesó Daniel.

No ha sido tarea muy difícil averiguar la época en que fue escrito el Libro de Daniel, porque el carácter de las alusiones alegóricas hace posible determinar con exactitud los acontecimientos que el autor había presenciado, y cuáles eran aún desconocidos para él. Escribía cuando la dinastía griega permanecía todavía en el poder, y fue familiar a los acaecimientos del siglo medio, que empezaron con la entrada de Antíoco el Grande. Por otra parte, no tiene en cuenta para nada las posibilidades o probabilidades. Su Nabucodonosor permanece siete años comiendo hierba en los campos, y después es restituido a su reino, que le ha estado esperando durante todo ese tiempo.

El hecho decisivo y significativo es que, en el Libro de Daniel, advertimos el principio de aquella desintegración del riguroso monoteísmo judaico que fue continuado por el Cristianismo. El nombre del Mesías no se menciona de modo directo. En su lugar nos encontramos con aquella expresión, el Hijo del Hombre, que se emplea para designar al fundador del "reino de los cielos" que iba a establecerse en Jerusalén cuando Judas Macabeo y sus secuaces hubieran derruido el imperio de los seleucidas. Entonces comenzaría la fase final de la existencia del mundo, durante la cual reinará la justicia de modo supremo. Y, por supuesto, aún estamos esperando esa fase.

Ya Ezequiel hablaba (9, 2) de un varón vestido de lienzos. En Daniel (10, 5 et seq.), vuelve como la figura principal un varón vestido de lienzo cuyos lomos están ceñidos de oro fino. Su cuerpo es como el berilo, y su rostro tiene la apariencia del relámpago, y sus ojos como antorchas de fuego, y sus brazos y sus pies semejan el color del bronce bruñido, y la voz de sus palabras es semejante a la voz de una multitud..., todo lo cual se halla transferido, palabra por palabra, en la Revelación[11] (1, 13-14). La época de su producción puede determinarse con no menos certeza para el Apocalipsis que para el Libro de Daniel. No puede caber duda alguna de que se escribió entre los años en que murió Nerón, que fue el 9 de junio (D. D.) año 68, y 10 de agosto (D. D.), año 70, día en que los romanos destruyeron el Templo de Jerusalén, una construcción o edificio que el autor del Apocalipsis espera aún

---

[11] La Revelación (1, 13-15), dice los siguiente: "Y en medio de los siete candelabros, uno semejante al Hijo del Hombre, vestido con ropa que le llegaba hasta los pies, y ceñido por los pechos de un cíngulo de oro. Su cabeza y sus cabellos eran blancos como lana blanca, tan blancos como la nieve; y sus ojos como llamas de fuego; y sus pies semejantes a bronce fino, como si ardiesen en un horno; y su voz como el murmullo de muchas aguas".

que será conservado. Pero la fecha puede fijarse todavía con mayor precisión. El libro debió haberse escrito antes de que las nuevas del asesinato de Galba, que ocurrió el 15 de enero, año 69 (D. D.), hubiesen tenido tiempo de llegar a Patmos, pues el sexto rey, mencionado en la Revelación (17, 10) como viviendo aún, no puede ser otro que Galba.

XXX.

El objeto del libro puede definirse brevemente, pero ante todo debe de aclararse que su fundamento estriba en una creencia en las calamidades que, según la teología judaica, habían de llegar anunciando la venida del Mesías. Grandes sacudidas tendrían lugar en la tierra y en el cielo. El sol y la luna habrían de extinguirse. La guerra, la rebelión, el hambre y las plagas atormentarían al género humano. Satanás habría de resistir hasta el agotamiento de sus fuerzas, pues bien sabía que el término de su época había llegado.

En el año 66 los judíos se habían sublevado contra Roma. Pero miles de ellos habían perecido ya en numerosas batallas y Vespasiano avanzaba sobre Jerusalén. Ni los judíos ni los cristianos judaizantes podían concebir la idea de que Jehová entregase su santo lugar y su Templo en manos de los gentiles. Entretanto llegó a saberse que los ejércitos de las Galias y de España habían proclamado a Galba, un experimentado jefe militar, emperador en oposición a Nerón. Este último huyó de Roma, como sabemos, y se suicidó con ayuda de un esclavo cuando se vio en la imposibilidad de escapar de sus perseguidores. Hubo muchos, sin embargo, que no creían en su muerte, sino que sospechaban que había huido a Partia y que pronto volvería al frente de un gran ejército parto para vengarse de Roma. Este rumor también había llegado a Efeso y parecía verosímil a los cristianos, que aborrecían a Roma. Una alusión a esto se encuentra sin duda alguna no sólo en la Revelación (17, 10), donde se dice que cinco reyes (Augusto, Tiberio, Calígula, Claudio y Nerón) habían caído, sino también en el versículo siguiente, que habla de "la bestia que era y no es, es también el octavo, y es de los siete, y va a la perdición". Por cuanto nos es dable deducir que esto se refiere a Nerón, el cual volvería sólo para perecer finalmente.

Las calamidades que iban a servir de aviso para el género humano ya habían hecho su aparición en aquel tiempo. El Imperio Romano había sido asolado por sangrientas guerras, Judea por el hambre, Italia por las plagas, el Asia Menor por terremoto. De las siete ciudades de las cuales formaba el Apocalipsis una especie de proclamación circular, a saber: Tiatira, Sardis, Filadelfia, Laodicea, Esmirna y Pérgamo, sólo las dos últimas mencionadas se habían librado de los terremotos. Según la profecía del Libro de Daniel, que sirvió de fuente autorizada para el autor del Apocalipsis, la opresión del pueblo judío llegaría a su término después de "un tiempo, tiempos y medio", lo que primitivamente se interpretaba por el significado de tres años y medio.

Pero al ser un verdadero profeta, Daniel no podía equivocarse en modo alguno. Antiguamente, en Daniel (9, 24), cuando se habla de siete semanas, él tiene en la imaginación años, y no días o semanas. Por lo tanto, es de creer que su profecía se refiera a la época en que se escribía el Apocalipsis, pues habían pasado entonces tres decenios y medio desde la supuesta fecha de la crucifixión.

Por consiguiente, esto es lo que se cree que anuncia el Apocalipsis: el tiempo de la tregua pronosticada por Daniel se halla próximo a terminarse. El final del plazo va acercándose. Espantosas calamidades son inminentes. Pero los elegidos serán preservados. A pesar de la violenta matanza de Satanás, la Iglesia sobrevivirá. Roma, por otra parte, desaparecerá de la superficie de la tierra, y el propio Nerón llevará a efecto la sentencia pronunciada sobre la pervertida capital del mundo. Y, por supuesto, nada de esto se anuncia con claridad prosaica, sino mediante una serie de visiones misteriosas.

El Mesías se aparece como el Sumo Pontífice revestido de vestiduras sacerdotales (Revelación, 1, 13). Además aparece: de acuerdo con Isaías (53, 7), como el cordero llevado a la matanza; de acuerdo con el Salmo (2, 7), como el nuevo hijo engendrado del Señor, el cual, según la Revelación (12, 5), regirá a todas las naciones con vara de hierro; luego, de acuerdo con Daniel (7, 13), como el Hijo del Hombre caminando sobre las nubes del cielo (véase la Revelación, 14, 14). Allí se le pone en la cabeza una corona de oro, y en la mano una hoz aguda; y finalmente como un general victorioso, como un conquistador romano haciendo su entrada triunfal. "Y miré, y he aquí un caballo blanco: y el que iba sentado encima de él tenía un arco; y le fue dada una corona, y salió victorioso, y dispuesto a vencer". (Revelación, 6, 2) Y nuevamente el visionario ve un caballo blanco, y el que va montado sobre él se llama Fiel y Verdadero, y juzga y hace la guerra con justicia. Sus ojos son como llamas de fuego, y en su cabeza hay muchas coronas. Tiene un nombre escrito que ningún hombre conoce sino él. Va vestido con un ropaje empapado en sangre y su nombre se llama el Verbo de Dios (*Logo to theo*).

La Iglesia de Dios aparece en forma de mujer vestida con el sol y con la luna debajo de sus pies, y sobre su cabeza una corona de doce estrellas (Revelación, 12, 1). Está encinta, y sufría tormento por parir, y trae al mundo el Mesías. Al mismo tiempo, sin embargo, se pinta a la Iglesia como la amada del Mesías (Revelación, 19, 7). Las bodas del Cordero han llegado y su esposa está preparada. La misma idea de la Iglesia como la esposa se encuentra en la Revelación (21, 9 y 22, 17). Este es un ejemplo de la confusión oriental ya mencionado de la madre del dios con la amada del mismo.

Satanás aparece, de acuerdo con el Génesis (3, 1), como una serpiente o dragón, con siete cabezas y diez cuernos. El Imperio Romano, que se halla al servicio de Satanás, también es representado como una bestia con siete cabezas y diez cuernos.

En la Revelación (13, 11), Nerón, como el Anticristo, se convierte en una bestia que sale de la tierra. Tiene dos cuernos semejantes a los de un cordero y habla como un dragón. Para que no haya equivocaciones entre los iniciados, más adelante está escrito (13, 18): "Aquí hay sabiduría. El que tenga entendimiento cuente el número de la bestia: pues es el número de hombre; y su número es seiscientos sesenta y seis". Las palabras *Neron Kaisar* están escritas en caracteres hebreos, la suma total del valor numérico dado a cada letra da un resultado de 666. Esta es la culminación del triunfante estilo jeroglífico.

Todo el mundo sabe que las excepciones y profecías del Apocalipsis no se realizaron. Como profecía debe de considerarse entonces sin mérito alguno, de igual modo que su originalidad queda reducida por su poca extensión a una paráfrasis cristiana del Libro de Daniel. No obstante, los efectos de esta obra han sido formidables. Por espacio de cerca de mil ochocientos años los soñadores y fanáticos de Europa han leído o estudiado la historia del mundo en su totalidad en esta fantástica miscelánea. Hallaron en ella juicios divinos condenatorios sobre todos los personajes históricos, desde Nerón a Napoleón, que acertaron a atraerse su aversión. El Apocalipsis se ha convertido en un nido en el cual la insensatez humana ha buscado refugio durante estos dos mil años últimos, prosperando dentro de él espléndidamente y extrayendo de él constantemente nuevas energías.

Esto no se compensa con que más tarde, poetas apocalípticos como Dante y Milton saquen inspiración de las gigantescas visiones de aquellos remotos días.

XXXI.

El significado real e histórico del Apocalipsis es, por supuesto, revelarnos el estado de ánimo en que la mezcla de la tradición judaica y el creciente Cristianismo adquirían forma tangible por primera vez. Esta forma puede definirse como parte de un misticismo extático y parte de una pura sofistería, no equilibrados por la incorporación de la razón o conocimiento del mundo. El resultado no ofrece sustentación sólida alguna a la razón o a la emoción; en cambio, excita a la imaginación hasta un punto indecible.

Pues bien, este libro constituye la base del Nuevo Testamento y lucha denodadamente para constituir la transformación y complemento del ideal mesiánico del Antiguo Testamento.

Si se quisiera saber qué forma había adquirido este ideal mesiánico en el espacio de un siglo, sólo sería necesario volver del estudio de la Revelación, que es el punto de partida, al Evangelio según San Juan, que en realidad cierra el Nuevo Testamento e indica la extensión y dirección del camino cubierto.

En su carácter, este Evangelio no es más histórico que la Revelación, y su independencia de los Evangelios sinópticos no es menos absoluta. Algunos pormenores obtenidos de los otros Evangelios son tratados en el cuarto sin habilidad alguna como simples materiales que se pueden utilizar, para la erección de una estructura teológica de muchas anécdotas después de haber sido impregnada de simbolismo e interpretada nuevamente en un carácter que la priva de todo contacto con la realidad.

En su espíritu, como también en su construcción, el cuarto Evangelio se distingue de modo tan fundamental de los primitivos Evangelios como de los Hechos, obra esta última que, a pesar de todos sus elementos sobrenaturales y milagrosos, se esfuerza de manera insistente en ofrecer un carácter puramente narrativo.

El Evangelio, según San Juan, no es en su totalidad sino una alegoría místico-teológica. La figura principal de su introducción es, en sí misma, un puro fragmento de vívida alegoría. No hay un solo rasgo que no deba tomarse en sentido simbólico. Hay pasajes en los que se puede descubrir línea tras línea semejante simbolismo.

Así, cuando Juan Bautista ve acercarse a Jesús, exclama: "He aquí el Cordero de Dios que quita los pecados del mundo". Esto equivale ante todo a una anticipación de la historia de la Pasión. Después sirve para unir a Jesús con el cordero pascual. En efecto, hay otras varias formas de simbolismo dentro de esta expresión. En boca de Juan, el cordero pascual, sirve de lazo de unión entre el cordero en su sentido literal y la idea de que Jesús morirá a fin de quitar los pecados y allanar el camino para la vida eterna.

Empero, aún hay más simbolismo en la simple idea de Jesús como cordero pascual. En tanto que los tres Evangelistas primitivos hacen que ocurra su muerte en el mismo día de *pesach*, o pascua, el cuarto sostiene que ocurrió el día antes, es decir, el décimocuarto, y no el día décimoquinto del mes de Nisán. Esta diferencia la ocasiona la apasionada controversia respecto a la celebración de la Pascua que comenzó en el Asia Menor hacia mediados del siglo II. La secta cristiano-judaica se adhirió a la tradición y se unió a los judíos al celebrarla con una alegre comida o banquete el 14 del Nisán. Como autoridades para su situación citaban el Evangelio según San Marcos y el testimonio expreso del apóstol Juan.

Por otra parte, los secuaces de Pablo mostraban indiferencia hacia la observancia de días festivos determinados (Colosenses: 2, 16). ¿Y por qué prestan atención a la Pascua judía, cuando el propio Cristo era el verdadero cordero pascual y llevado a la matanza como tal? (1ª Corintios: 5, 7). Esta es la razón por la cual en Juan (19, 36) vemos que se pinta a Jesús indirectamente como el cordero pascual. En caso de muerte por crucifixión, era costumbre quebrar los huesos de los ejecutados con el fin de acortar sus tormentos. Según el cuarto Evangelio, no se hizo esto en el caso de Jesús porque ya estaba muerto. Los judíos no quisieron realizar este último acto porque habría constituido una violación de la Ley de Moisés. En Exodo (12, 46), leemos: "No llevarás de aquella carne fuera de casa, ni quebraréis hueso de ella". Y nuevamente en los Números (9, 12) se dice: "No dejarán nada de él para la mañana, ni quebrarán hueso de él". Entonces Jesús es el verdadero cordero pascual, porque sus huesos no fueron rotos. Es necesario retroceder con la memoria varios miles de años a fin de concebir esta manera de discurrir que supone la transposición de antiguas disposiciones de régimen a la naturaleza de un maltratamiento ejercido en un personaje divino.

Es interesante advertir de qué modo, a fin de eludir estas controversias sectarias sobre el significado de la fiesta pascual, el cuarto Evangelio prescinde en absoluto de lo que en los Evangelios primitivos constituía el fundamento para la Ultima Cena, es, a saber, la institución de la Comunión. En su lugar, el autor de aquel Evangelio no deduce de esta comida más que una evidencia final del amor que sentía Jesús hacia sus discípulos. Al mismo tiempo toda su descripción de la historia de la Pasión hállase dominada por el rito pascual de los judíos.

XXXII.

Es absolutamente evidente que el autor del Evangelio según San Juan no puede ser el apóstol Juan mencionado en los Evangelios. Si fuera posible pensar que aún viviese, entonces habría de tener ciento cincuenta años de edad cuando lo escribió. La prueba definitiva, sin embargo, es que los cristianos judaicos de aquel tiempo concedieron al apóstol Juan su autorización para celebrar la Pascua de acuerdo con sus doctrinas, en tanto que el autor del cuarto Evangelio considera estas doctrinas nulas y desatinadas.

Ignoramos quién fue el autor. Pero sabemos que no tenía nada que ver con el Apóstol. Así, por ejemplo, difícilmente podía él ser el responsable de una falta de gusto como la de mencionarse a sí mismo como el discípulo más amado del Señor, al cual El prefería a todos los demás. Indudablemente habría recordado: el pasaje en Mateo (18, 1), en el cual los discípulos preguntan a Jesús: "¿Quién es el más grande en el reino de los cielos?" Y con el fin de humillar su vanidad, Jesús llama a un niño de corta edad y responde: "A menos que os volvierais y fuerais como niños, no entraréis en el reino de los cielos".

El autor del cuarto Evangelio parte de una simple premisa de no profundidad: Dios es la luz, y el mundo se halla sumido en tinieblas. La única posibilidad de evitar la ruina universal reside en el *Logos*, el Verbo, esa concepción tan amada por los gnósticos del día, que es más fuerte que el caos y capaz de vencer al demonio.

Muy característico de la época en que fue escrito este Evangelio es la continua alusión al espíritu que queda aun después de la partida de Jesús de la existencia en la tierra; el Paráclito, como se le llamó; el intercesor[12] del hombre en la presencia de Dios (Juan: 14, 16 y 26; 15, 26; 16, 7). Representa un principio espiritual muy venerado en el Asia Menor hacia mediados del siglo segundo, y aquí se le pinta en una forma que propende a anunciar la segunda venida del Cristo superflua. El Paráclito ocupa su lugar.

También se encuentra un solo pasaje (Juan: 5, 43), en el cual se pone en boca de Jesús una profecía que parece tener un determinado carácter histórico. Empero, la situación aislada de este pasaje contribuye a hacerle

---

[12] Denominado el Consolador en la versión autorizada y considerado idéntico al Espíritu Santo. Paracleto o Paráclito, es una palabra griega que significa abogado defensor.

perder importancia. Jesús dice: "He venido en el nombre de mi Padre y no me recibís: si otro viniese en su nombre a él recibiríais". Parece posible que esto se refiera a Bar-Cochab, el caudillo de la rebelión contra Adriano. Tales consideraciones son, no obstante y por otra parte, el resultado, y no muy provechoso.

XXXIII.

Lo que tiene verdadera importancia es el hecho de que Jesús, en los Evangelios sinópticos, prohíba a los que cura que le llamen Hijo de Dios. Ni aun se aviene a aceptar el título de Mesías por parte de sus discípulos hasta cerca del final, y nunca les permitió usar ese tratamiento en público. Hasta el día anterior a su muerte no se avino a este título.

El cuarto Evangelio ofrece un estado de cosas completamente distinto. Comienza con párrafos floridos y abunda en alabanzas piadosas siempre que uno de los discípulos sostiene un testimonio. Así, Andrés dice: "Hemos hallado al Mesías". Y Natanael dice: "Tú eres el Hijo de Dios; tú eres el Rey de Israel". En los Evangelios primitivos Jesús había adoptado una actitud implorante hacia, tales distinciones. Aquí las estimula. Hasta aparecen en sus propias expresiones. En los Evangelios sinópticos, Jesús no habla nunca de sí mismo como el Mesías. La creencia de los discípulos en él como tal, parece adquirir forma poco a poco. Y parece como si esta creencia también se apoderase de él mismo.

Empero, en el cuarto Evangelio ha tenido efecto una transposición completamente teológica. Ya en el bautismo, la figura primitiva de Jesús ha experimentado un cambio, de suerte que en lugar de ser bautizado por Juan, ahora, es él el propio Bautista, del cual dice el anterior: "El que viene tras de mí es antes de mí, porque es primero que yo". Jesús es el Mesías desde un principio. Felipe encuentra a Natanael y le dice: "Hemos hallado a aquél de quien Moisés en la Ley y los profetas escribieron: Jesús de Nazaret, hijo de José". Al ver acercarse a Natanael exclama Jesús: "He aquí un verdadero israelita, en el cual no hay engaño". Y Natanael dice: "Tú eres el Hijo de Dios; tú eres el Rey de Israel". Sobre lo cual replica Jesús: "De aquí en adelante veréis el cielo abierto, y los ángeles de Dios que suben y descienden sobre el Hijo del hombre". En otros términos, se han desechado todas las consideraciones psicológicas en favor de un dogma teológico que aparece en toda su desnudez desde el mismo principio.

Esto es igualmente iluminativo. En los Evangelios sinópticos se ha puesto sumo cuidado en pintar a Jesús fiel y neutral sin reserva hacia el Imperio Romano. Una y otra vez el Mesías afirma: "Mi reino no es de este mundo". Cuando tratan de llevarle a una disidencia con el poder secular y le preguntan si es lícito pagar tributo al César, él responde con altivez y sin la menor idea de separación alguna de Roma: "Dad al César lo que es del César, y a Dios lo que es de Dios".

Según Mateo (27, 37), Marcos (15, 26) y Lucas (23, 38), el sobrescrito colocado encima de Jesús en la cruz (en caracteres griegos, hebreos y latinos, según Lucas) para indicar su crimen, era: "Este es el Rey de los Judíos". Según éstos, los Evangelios primitivos, era injusta e irrazonablemente acusado de haberle supuesto como rey del pueblo judío.

Es sorprendente que la idea de juzgar injusta esta acusación se haya perdido de vista en el cuarto Evangelio. Ni se hace mención alguna de la antedicha inscripción.

El cuarto Evangelio se refiere simplemente a Jesús como hijo de José de Nazaret. Aquí, como en Marcos, no se presta atención alguna al nacimiento virginal mencionado por Mateo y Lucas. Es bastante extraño que el autor del Evangelio según Mateo contradiga su propia narración sobre el origen sobrenatural de Jesús dándonos una larga y fantástica tabla genealógica destinada a demostrar la descendencia de José desde David.

Pero, como ya he indicado, el cuarto Evangelio no hace referencia a ningún nacimiento milagroso. Ni niega ni afirma. Este caso no existe para el último de los escritores evangélicos. No lo necesita. Para él el Mesías, como hombre, es hijo de la hija de Sion. Cuando habla de la madre de Jesús, no piensa en María, sino en el pueblo de Israel.

Con el fin de demostrar la potestad suprema de Jehová sobre las almas de los hombres, se dice en Isaías (54, 13): "Todos tus hijos serán enseñados del Señor". Este pasaje se emplea en el cuarto Evangelio. En Juan (6, 45-46), dice Jesús: "Está escrito en los profetas: Y todos serán enseñados del Señor. Por tanto, todo aquel que haya oído y aprendido del Padre, vendrá a mí". En este punto el escritor evangélico quiere deducir una distinción entre Jesús y Moisés con el objeto de demostrar que Jesús es infinitamente superior a Moisés. Porque Jesús, el verbo hecho carne, ha visto a Dios. Lo que se dijo en el Antiguo Testamento acerca de Moisés que vio a Dios, se anuncia que no tiene validez. Pues aquí se dice: "Ningún hombre que haya visto al Padre, a no ser que él sea de Dios, ha visto al Padre".

No obstante, si vemos los testimonios de los Números (12, 5-8) son francamente explícitos: "Y Jehová descendió en la columna de una nube, y se puso a la puerta del tabernáculo, y llamó a Aarón y a María, y salieron ambos. Y él les dijo: Oíd ahora mis palabras: Si hubiera entre vosotros un profeta, Yo, Jehová, me daré a conocer a él en una visión, y en sueños hablaré con él. No así a mi siervo Moisés, que es fiel en toda mi casa. Boca a boca hablaré con él, y a las claras, y no con palabras oscuras; y verá la apariencia de Jehová".

Empero, en este punto el evangelista separa el culto mesiánico del tronco judaico. Al terrenal Moisés se le pone aquí a un lado respecto al divino Hijo de Dios, el cual es el mismo Dios: "Yo soy el pan vivo que descendió del cielo: si alguno comiere de este pan, vivirá eternamente: y el pan que yo daré es mi carne, la cual yo daré para la vida del mundo". (Juan: 6, 51).

De esta suerte, cualquiera que crea en Jesús, ve al Padre en él o a través de él.

En Mateo (11, 27), el Hijo es el único que conoce al Padre. En el capítulo decimoséptimo del cuarto Evangelio, llegamos mucho más allá de ese punto: el Hijo hablando con el Padre en términos de igualdad: "Glorifica a tu Hijo, para que también tu Hijo te glorifique a ti: como le has dado potestad sobre toda la carne, para que diese vida eterna a todos los que le diste... Yo te he glorificado en la tierra... Y ahora, oh Padre, glorifícame tú cerca de ti mismo con aquella gloria que tuve cerca de ti antes que el mundo fuese... Padre, quiero que aquéllos que me has dado estén también conmigo donde yo esté; para que contemplen la gloria que me diste: por cuanto me has amado antes de la creación del mundo. Padre justo, el mundo no te ha conocido, mas yo te he conocido. Y yo les he manifestado tu nombre, y lo manifestaré más aún: para que el amor con que me has amado esté en ellos y yo en ellos".

Y finalmente, en Juan (14, 9) dice seguidamente a Felipe: "El que me ha visto ha visto al Padre".

XXXIV.

El Hijo venido a este mundo es después, como se nos refiere en las primeras líneas del Evangelio, la revelación del eterno *Logos*. Como tal tiene parte y participación en los atributos de la divinidad. Hasta ese punto es Dios y uno con Dios. Por otra parte, como hijo que ha recibido todo del Padre, está subordinado él. El Padre es superior a él. Sin embargo, como Hijo único (*monogen*), no es solamente el Hijo bien amado, sino el prototipo único y perfecto de ese género de linaje divino del cual descienden los Hijos de Dios.

Al ser hecho carne, el *Verbo* se convierte en el *Hijo*. Pero la distinción nunca se sostiene en absoluto. Cuando Jesús aparece después de su resurrección (Juan: 20, 22), sopla a los discípulos y les dice: "Recibid el Espíritu Santo". Cuando ha persuadido al desconfiado Tomás y éste dice simplemente: "Señor mío y Dios mío", esto no es acogido con protesta alguna por parte de Jesús, sino que dice sencillamente: "Porque me has visto, has creído: bienaventurados los que no han visto, y sin embargo han creído". (Juan: 20, 28-29).

Lo que el cuarto Evangelio quiere demostrar bajo muchas formas es la incapacidad natural del hombre para hallar la salvación, y la posibilidad de obtener la vida eterna por medio del divino *Verbo*. Este es el objeto de todas sus historias y de todas sus predicaciones. Concierne a la curación del hijo del noble referida en Juan (4, 46 et seq.). Jesús no necesita ver al joven moribundo que está enfermo en Cafarnaúm, en tanto que el propio Jesús está en Caná. Obra a distancia, diciendo al ansioso padre: "Tu hijo vive". La historia en su totalidad es puro simbolismo y está destinada a demostrar la fuerza de la fe. Lo mismo puede decirse de la anécdota acerca de la mujer samaritana referida en el capítulo cuarto. Todo en ella tiene un significado simbólico. Existe, por ejemplo, el contraste entre el agua del pozo y el agua viva servida por Jesús. El objeto de la historia es exponer la insignificancia del lugar elegido para adorar. Lo único que importa es adorar en espíritu y en verdad. Los discípulos dicen: "Maestro, come". Jesús los aparta con las palabras: "Mi comida es hacer la voluntad del que me envió". Después sigue el símil de la siega, que de nuevo es simbólico. La siega llegará dentro de cuatro meses: "El que siega recibe salario, y acopia fruto para la vida eterna". Finalmente, viene la conversión de los samaritanos obtenida un tanto fácilmente, los cuales exclaman: "Sabemos que éste es verdaderamente el Cristo, el Salvador del mundo".

El bello pasaje que relata la indulgencia de Jesús hacia la mujer que fue
cogida en adulterio e iba a ser lapidada de acuerdo con el Deuteronomio (22,
22), primitivamente no formaba parte del cuarto Evangelio, sino que
representa una interpolación posterior. No aparece en los manuscritos más
antiguos y auténticos, y la torpe manera de su intercalación interrumpe la
continuidad de la historia. Y el resultado del incidente, con la evasión de la
mujer, es sumamente inverosímil. Sus ejecutores se considerarían sin duda
alguna suficientemente libres de pecado y no permitirían que su víctima se
fuese por el mero hecho de que un hombre sin autoridad alguna les incitase a
quebrantar la ley dejando que la misericordia se antepusiese a la justicia. Más
adelante sigue, en Juan (8, 12), la exclamación de Jesús: *"Yo soy la luz del
mundo"*. Cuando esta expresión de propia afirmación sobrehumana reaparece
en Juan (9, 5), tiene mucho mejor fundamento en su cura simbólica del
hombre que era ciego de nacimiento.

XXXV.

Muchas de estas investigaciones tras de algún indicio de base histórica entre las leyendas de los Evangelios sinópticos, han conducido a la inverosimilitud de que éstos, sin fundamento en la realidad, refiriesen lo que pudiera propender a situar al Salvador en un punto de vista relativamente desfavorable. Por esta razón se ha puesto mucha violencia en los pasajes que sugieren unas relaciones un tanto tirantes entre Jesús, su madre y sus hermanos, pasajes en los cuales se le representa mal dispuesto a reconocer lazos naturales de parentesco, mientras que en su lugar designa a los discípulos como su verdadera familia (Mateo: 12, 46-50; Marcos: 3, 31-35; Lucas: 8, 19-21). Otro pasaje que ha merecido una atención considerable por parte de lectores reflexivos es aquel en el cual, después de ser recibido con ofensas y mala voluntad en su ciudad natal, exclama Jesús: "No hay profeta sin honra, sino en su tierra y en su casa". (Mateo: 13, 53-58; Marcos: 6, 1-4; Lucas: 4, 24).

En el cuarto Evangelio no se encuentra un solo vestigio de tales incidentes. En su capacidad o comprensión del Mesías, se desliga aquí a Jesús de todo género de relaciones con su pueblo natal y con su propia familia. Ahora es un miembro de la familia divina. Nadie recibe miramiento aparte del Padre, el Verbo, el Espíritu Santo, el Paráclito. Su ascensión tiene lugar realmente en la primera línea del Evangelio: "En el principio era el Verbo".

Pero no obstante, lo que parece desfavorable y probablemente histórico a causa de ser referido de mala gana, no contiene certeza alguna. Ofrece la misma impresión de contraste dramático como si alguien, a fin de hacer resaltar la grandeza de Beethoven, refiriese una anécdota acerca del inmortal compositor que siendo un muchacho hubiese tocado el violín en cierto pueblo del país y hubiera sido considerado inferior al músico favorito del lugar. Añádase a esto la inverosimilitud de que una ciudad llamada Nazaret existiese en aquella época. Es infructuoso buscar en los Evangelios sinópticos algún fundamento histórico. Parece como si la muerte de Esteban hubiera sido el gran suceso trágico acaecido precisamente en la época en que el Cristianismo empezó a hacer acto de presencia como religión, y parece posible que la historia acerca de la misteriosa muerte de Jesús haya tomado forma sobre la base de lo que fue referido acerca de la odiosa ejecución de Esteban.

Según una traducción efesia de principios del siglo II, se dice que Marcos fue el intérprete de Pedro y que escribió el Evangelio después de la muerte de éste, recurriendo solamente a su memoria. Si así hubiera ocurrido, ha sido revisado por algún partidario de Pablo, y se representa firmemente a Pedro como un bobalicón y como un pusilánime de medio a medio. Y es extraño y sorprendente advertir que varios milagros atribuidos a Pedro en los Hechos fueron transferidos por Marcos, el supuesto intérprete y discípulo suyo, a Jesús. En Lidda, Pedro cura a un hombre atacado de parálisis, el cual había estado en cama por espacio de ocho años (Hechos: 9, 33-35) Pedro le dice: "Levántate y hazte tu cama". Y el hombre hace lo que le dice. Marcos (2, 3-12) hace que Jesús cure a un hombre en Cafarnaúm que padece el mismo mal y empleando las mismas palabras. Una buena mujer llamada Tabita muere en Joppa. Se manda buscar a Pedro y éste le dice: "Tabita, levántate". Después de lo cual ella vuelve a la vida (Hechos: 9, 36-42). En Marcos (5, 21-43), Jesús resucita a la pequeña hija de Jairo diciéndole: "Levántate, muchacha". Estas palabras se escriben en la Biblia en arameo: *"Talita, cumi"*. No hay mucha distancia de Talita a Tabita, y de cualquier forma la anécdota se dispuso, por lo visto, para ser utilizada dos veces.

XXXVI.

Si los Evangelios sinópticos fuesen lo que se alega que son, esto es, testimonios de testigos oculares, su valor histórico sería muy grande sin duda alguna. Pero ciertamente carecen en verdad de este valor particular, concesión nula; por otra parte, han conservado a través de largas edades, su valor como escritos exhortatorios, y parece también haber sido éste su primitivo objeto. Además, sus muchas y hermosas anécdotas y parábolas han aportado inspiración durante muchos siglos a la poesía, a la pintura, a la escultura y a la música.

Más ofuscador que los mismos libros, con su impenetrable analogía con los tiempos actuales, es para un lego escudriñador la investigación del ideal de Jesús desde su primer origen en el Antiguo Testamento hasta su apoteosis proclamada por sí misma en el umbral del naciente edificio de una nueva religión, con vibrantes trompetas; con el caballo blanco y el caballo rojo, y el caballo negro atronador a su paso, seguido al final por el imaginario caballo amarillo cuyo jinete es la muerte; con bestias de muchas cabezas e innumerables cuernos subyugadas por ángeles situados en los cuatro extremos de la tierra y sujetando los cuatro vientos. Más ofuscador es ver este ideal en forma divinamente humana o en forma humanamente divina, la cual se dice que es el místico *Logos*, surgir como el Señor de la Vida y de la Luz en ese poema extático que, aparentando una narración, cierra el Nuevo Testamento con una lamentación conmovedora inspirada por la piedad.

Jesús surgió del cuarto Evangelio como el ideal de bondad divina de las naciones europeas. Cuando Jerusalén fue conquistada y destruida en el año 70, y quedó demostrado que el Dios de los judíos no protegió a su pueblo, sino que permitió que su Templo fuese saqueado, entonces se despejó el camino para el advenimiento de una nueva religión. En aquella época muchos que aun confiaban en la esperanza, generalmente gentes pobres y esclavos, dirigían sus almas hacia aquel Reino de la Justicia que había anunciado el Apocalipsis. Con el fin de que la nueva creencia se desligase totalmente de la antigua, fue necesario, sin embargo, que a los espíritus humanos en Palestina, en el Asia Menor y en todos los países del Mediterráneo, se les diese un impulso decisivo. Sus almas íntimas tenían que ser conmocionadas. Esto aconteció cuando se divulgaron las nuevas de que la Ciudad Santa había sucumbido totalmente.

XXXVII.

Por espacio de miles de años, Isis y Orus fueron adorados como la madre del dios y el divino hijo. No obstante, en la actualidad no hay nadie que crea en su existencia.

El misterio más grande celebrado anualmente en el antiguo Egipto era la muerte y resurrección de Osiris. La idea de dios se hallaba inextricablemente unida con la idea de la vida eterna. Para el dios, la muerte se reduce a una simple transición a nueva vida. Gracias a una descripción hecha por Plutarco, sabemos cómo se celebraba la fiesta de Osiris en una pequeña ciudad de los deltas del Nilo. Osiris no estaba. Había desaparecido en el Nilo. Al cabo de tres días, miles de personas gritaban llenas de júbilo: "Hemos hallado nuevamente a Osiris". La desesperación mortal se trocaba en inefable éxtasis, en el regocijo de una verdadera alborada de Pascua de Resurrección. No obstante, hoy en día no hay nadie que llore la desaparición de Osiris o se regocije con su resurrección. Para nosotros todo ello no es más que un antiguo y, como tal, venerable mito.

Osiris no era solamente el dios del grano en desarrollo, sino también el dios del vino. Papirio observó que en las pirámides le denominan el dios de los lagares, el dios del vino rebosante. Según Epifanio, el célebre obispo cristiano de Chipre y enemigo fanático de los origenistas, que nació en Palestina de padres judíos y murió en 403, Osiris reveló su naturaleza divina transformando el agua en vino. Esto aconteció el día undécimo del mes de Tobi, según la cronología egipcia, que corresponde al 5 de enero en la cronología cristiana. Este es el día en que, según los cristianos, la estrella guió a los tres magos hasta el niño Jesús. Primitivamente, el 6 de enero era considerado el día del natalicio de Jesucristo. No fue transferido al 25 de diciembre hasta el siglo cuarto. En Grecia, el mismo día estaba destinado a la revelación de Dionisos, el dios del vino. Plinio nos refiere que este era el día en que se celebraba la fiesta de Dionisos en la isla de Andros y que entre el séquito del dios aparecían *oinotropoi* especiales, o sea mujeres transformadoras del vino. Epifanio habla también de la celebración de un natalicio en Alejandría el 25 de diciembre, que él denomina Cronia en griego y Kekillia en egipcio. En otras partes se habla de la fiesta de Helios, el dios sol. En estas ocasiones se sacaba del *sancta sanctorum* una pequeña criatura con las exclamaciones de: "¡Ha parido una virgen! ¡La luz aumenta!". Hay en esto una notable semejanza con las doctrinas cristianas, y el mismo parecido llena el carácter místico de sus ritos.

Pero volvamos la mitología clásica griega que históricamente, directamente o través de Roma, se extendió por Occidente hasta la llegada del cristianismo.

El hecho de que Prometeo fuera considerado en otros tiempos como el gran bienhechor del género humano, que nos había hecho la grande y esencial merced del fuego, y que pagó con un martirio milenario por su amor de hombre, no puede hacer que hoy en día crea nadie que vivió y sufrió como se refiere. Por espacio de miles de años, Apolo, el dios de la luz y de la pureza, fue adorado en innumerables templos. Tenía ejércitos de sacerdotes y de sacerdotisas, y guiaba el destino de los hombres por medio de sus oráculos. Su nombre es venerado hasta en estos mismos tiempos. Empero que existiese, nadie lo cree en este siglo XX. Por otra parte, el hecho de que nunca existiese no desdice más de su significación que de la de Aquiles, Ulises, Hamlet o Fausto.

Sabemos mucho más de Ofelia y Margarita que acerca de María y Marta del Nuevo Testamento. No obstante, no puede atribuirse más existencia verdadera a las primeras que a las últimas.

En su obra "Homenaje de gratitud a Lessing", Sören Kierkegaard manifestaba su vehemente conformidad con la afirmación del gran escritor alemán de que las verdades históricas accidentales no pueden utilizarse nunca como una evidencia en apoyo de las verdades permanentes de la razón. Fue sobre esta base sobre la cual, en el libro que él tituló "Adiestramiento en el Cristianismo", escribió esta pregunta: "¿Puede la historia decirnos algo acerca de Cristo?" Y su respuesta a esta pregunta fue: "¡No!"

Interpretado en la manera de pensar y hablar empleada en nuestros días, esto quiere decir que las figuras divinas fuerza es reconocer que nunca han vivido sus verdaderas y singulares vidas, extraordinarias o no, fuera de la imaginación de los hombres.

F I N

LA CRÍTICA LITERARIA

TODO SOBRE LITERATURA CLÁSICA, RELIGIÓN, MITOLOGÍA, POESÍA, FILOSOFÍA...

La Crítica Literaria es la librería y distribuidor oficial de Ediciones Ibéricas, Clásicos Bergua y la Librería-Editorial Bergua fundada en 1927 por Juan Bautista Bergua, crítico literario y célebre autor de una gran colección de obras de la literatura clásica.

Nuestra pagina web, LaCriticaLiteraria.com, es el portal al mundo de la literatura clásica, la religión, la mitología, la poesía y la filosofía. Ofrecemos al lector libros de calidad de las editoriales más competentes.

LEER LOS LIBROS GRATIS ONLINE: www.LaCriticaLiteraria.com

La Crítica Literaria no sólo esta dedicada a la venta de libros nacional e internacional, también permite al lector la oportunidad de leer la colección de Ediciones Ibéricas gratis online, acceso gratuito a mas que 100.000 páginas de estas obras literarias.

LaCriticaLiteraria.com ofrece al lector un importante fondo cultural y un mayor conocimiento de la literatura clásica universal con experto análisis y crítica. También permite leer y conocer nuestros libros antes del adquisición, y tener la facilidad de compra online en forma de libros tradicionales y libros digitales (ebooks).

COLECCIÓN LA CRÍTICA LITERARIA

Nuestro nueva **"Colección La Crítica Literaria"** ofrece lo mejor de los clásicos y análisis de la literatura universal con traducciones, prólogos, resúmenes y anotaciones originales, fundamentales para el entendimiento de las obras mas importantes de la antigüedad.

Disfrute de su experiencia con nosotros.

www.LaCriticaLiteraria.com

www.ingramcontent.com/pod-product-compliance
Lightning Source LLC
LaVergne TN
LVHW091310080426
835510LV00007B/445